COMUNICAR PARA LIDERAR

como usar a comunicação
para liderar sua empresa,
sua equipe e sua carreira

Consulte nosso catálogo completo e últimos lançamentos em **www.editoracontexto.com.br.**

Leny Kyrillos
Mílton Jung

COMUNICAR PARA LIDERAR

como usar a comunicação
para liderar sua empresa,
sua equipe e sua carreira

editora**contexto**

Montagem de capa e diagramação
Gustavo S. Vilas Boas

Preparação de textos
Lilian Aquino

Revisão
Tatiana Borges Malheiro

Dados Internacionais de Catalogação na Publicação (CIP)
Angélica Ilacqua CRB-8/7057

Jung, Mílton
Comunicar para liderar / Mílton Jung e Leny Kyrillos. –
1. ed., 7ª reimpressão. – São Paulo : Contexto, 2024.
192 p.

Bibliografia
ISBN 978-85-7244-917-5

1. Comunicação 2. Liderança 3. Comunicação
na administração de pessoal 4. Comportamento
organizacional I. Título II. Kyrillos, Leny

15-0718   CDD 658.4092

Índice para catálogo sistemático:
1. Liderança

2024

EDITORA CONTEXTO
Diretor editorial: *Jaime Pinsky*

Rua Dr. José Elias, 520 – Alto da Lapa
05083-030 – São Paulo – SP
PABX: (11) 3832 5838
contato@editoracontexto.com.br
www.editoracontexto.com.br

Sumário

Liderar é comunicar

O grande líder é aquele que exerce papel transformador. A força verdadeira da liderança é a capacidade de promover e multiplicar mudanças positivas. E, para isso, é preciso gerar laços de confiança – com suas equipes, pares, gestores e clientes –, que são desenvolvidos através de um instrumento básico: a comunicação. Você só será um líder eficiente se souber ao mesmo tempo "dar o seu recado" e ouvir — de verdade e em sentido amplo — os seus interlocutores.

Nem sempre temos pleno conhecimento sobre como aproveitar ao máximo o nosso potencial de expressão. O primeiro passo nesse caminho é reconhecer que isso exige dedicação e conhecimento.

Quem chegou à posição de liderança pode ter a impressão de que já se comunica muito bem, o que nem sempre é totalmente verdadeiro. O grande segredo mora na reflexão sobre o que ainda não sabemos a respeito das nossas habilidades de expressão. Esse aprendizado é extremamente valioso para os relacionamentos, a condução das equipes, as negociações, a tomada de decisões, o relacionamento com os meios de comunicação, enfim, para a imensa gama de responsabilidades do líder.

Em meio à agenda intensa de todos nós, vale dedicar tempo a esse tema. Muitas vezes estamos tão focados no conteúdo que não damos atenção à melhor forma para sermos realmente compreendidos.

Para começar, há várias maneiras, apresentadas neste livro de Leny Kyrillos e Mílton Jung, de aproveitar ao máximo as nossas habilidades com a fala – nem sempre prestamos atenção a temas simples, como a nossa dicção, a velocidade da nossa pronúncia, os termos que utilizamos e vários outros elementos que podem fazer com que a comunicação seja clara ou totalmente incompreendida.

Além disso, nossa comunicação vai muito além do que dizemos. É composta por muitos outros elementos, como o olhar, a postura, o humor, o sorriso, o jeito de vestir. Como nos mostra este livro, frequentemente as pessoas são mais influenciadas pela forma como se sentem em relação a você do que pelo que você está dizendo.

Todo líder precisa encantar e influenciar, e não basta contar apenas com a intuição para isso. O livro mostra caminhos para lidar com desafios cotidianos da liderança, como formas de ser assertivo sem ser agressivo, maneiras de gerar empatia ao tratar de um tema difícil ou como se comunicar com seu time, aproveitando ao máximo o potencial de cada integrante com as suas individualidades.

Leny Kyrillos e Mílton Jung nos oferecem aqui um material valioso, focado nos desafios práticos cotidianos do líder, como a importância da comunicação escrita – sim, ela está cada vez mais viva, embora na plataforma digital – e a realidade das redes sociais, que trazem uma velocidade antes impensável para a comunicação.

A obra apresenta uma reflexão ao mesmo tempo madura e prática, abordando os desafios da liderança sob uma ótica realista e contemporânea, que foge ao lugar-comum e considera, por exemplo, a ascensão das lideranças jovens e femininas. Essas mudanças, que considero extremamente positivas, têm trazido muitas inovações na gestão pública e de empresas e organizações e, ao mesmo tempo, geram novas formas de comunicação por parte dos líderes, como mostra o livro.

Comunicar para liderar traz contribuições preciosas para quem precisa passar as mensagens corretas, em todas as situações e para qualquer plateia, e ao mesmo tempo tem de ter extrema habilidade para ouvir. O objetivo é gerar, no seu público, aquele olhar de entusiasmo que todo líder deseja ver!

Claudia Sender
Presidente Executiva da TAM S.A. e da TAM Linhas Aéreas

Introdução

"É tal a sua pressa de comunicação
que eles se esquecem de
aprender primeiro a expressar-se"

G enial este Mário Quintana! Sempre à frente de seu tempo e capaz de traduzir pensamentos de forma tão simples quanto precisa. Ainda era 1973 quando publicou o verso acima no *Caderno H*, coletânea de textos reproduzidos no jornal *Correio do Povo*, do Rio Grande do Sul. Em um tempo em que a velocidade das coisas não parecia ainda ser um problema no cotidiano, a sensibilidade de Quintana o fez perceber a importância de uma das características essenciais para que as pessoas se comunicassem de forma qualificada: a expressividade. O poema "A ilegível mensagem" é de uma atualidade incrível e nos inspira a trazer, neste livro, nossas crenças e convicções de que a comunicação é primordial para você que pretende liderar pessoas ou a si mesmo, na vida pessoal e profissional.

A partir da experiência que cada um de nós desenvolveu em suas carreiras, na fonoaudiologia e no jornalismo, no espaço reflexivo da academia e impactado pelas emoções que encontramos nas ruas, nosso conhecimento foi sendo forjado. No contato com pacientes e fontes de informação, dúvidas surgiam de nossa parte e por parte daqueles com quem conversávamos. Em atendimentos no consultório, em entrevistas e em palestras, encontramos executivos motivados, interessados em aperfeiçoar sua comunicação, assim como muita gente que precisava ser incentivada a melhorar sua maneira de falar.

Havia, também, pessoas com muito conteúdo a oferecer, mas com uma tremenda dificuldade de organizar suas mensagens, de convencer seus líderes e liderados ou, simplesmente, de passar seu recado à frente. As perguntas se sucediam e éramos desafiados a entender ainda mais e melhor este mundo fascinante da comunicação. A cada situação com que nos deparávamos, discutíamos as inúmeras possibilidades de que dispúnhamos para oferecer a melhor resposta. Para fazermos a diferença na vida deles!

Foi a obsessão por fazer da comunicação um instrumento de transformação das pessoas que nos uniu há 15 anos, quando participamos de um mesmo projeto que resultou em livro no qual o foco era a expressividade. No decorrer desse período, estudamos muito, refletimos, debatemos, trocamos experiências, nos abrimos para outras formas de praticar o que sabíamos e, sobretudo, nos convencemos de que a comunicação estava diretamente atrelada ao conceito de liderança.

Entendemos que líderes só são capazes de exercer essa função quando se comunicam bem! E nós poderíamos ajudar você a desenvolver essas habilidades com base em nossos questionamentos, nossas diferentes formações e nossas reflexões em conjunto. Foi dessa grande vontade de oferecer algo melhor que surgiu *Comunicar para liderar*, que, até então, era apenas um conceito na nossa cabeça.

Escrever este livro nos ofereceu oportunidades impressionantes. A cada encontro, troca de e-mails, conversa por telefone, aprendíamos algo novo, e nos deparávamos com mais estudos e pesquisas, tínhamos novas ideias, crescíamos e nos desenvolvíamos nas nossas áreas de atuação, em nossas relações e em nossas vidas. Tudo muito rápido, às vezes mais rápido do que podíamos escrever. A todo momento, reforçávamos nossa convicção de que seria possível propor a você experiências memoráveis, definitivas e duradouras através da comunicação.

Você deve ter percebido que estamos muito entusiasmados. Se de cara revelamos esse sentimento por aprender mais e mais a partir de estudos e de nossos debates, é porque acreditamos que a comunicação contagia! E queremos que a descrição clara da nossa empolgação, da nossa satisfação em escrever este livro, contamine você para lê-lo do mesmo modo. Sabemos que somente assim você estará aberto para absorver o conhecimento compartilhado e poderá se transformar em líder comunicador!

Estamos aqui aplicando o que aprendemos e o que queremos ensinar. E seguindo a mesma regra, decidimos que algumas mensagens precisavam ser repetidas em diferentes capítulos, pois essa é uma das técnicas que favorecem o aprendizado.

Desde o início, optamos por escrever juntos, trocar impressões e traduzir de forma organizada tudo aquilo em que acreditamos. A definição dos capítulos foi natural e por consenso, como tudo o mais que fizemos nesta parceria. Um entrosamento que só funcionou devido ao respeito, à admiração e à confiança mútua que desenvolvemos durante todo o tempo em que temos trabalhado juntos.

São dez capítulos no total e começamos por mostrar que é possível mudar seus hábitos na busca por uma comunicação mais eficiente; mudar, especialmente, os maus hábitos, pois isso vai ajudar, inclusive, na sua qualidade de vida. Na sequência, você se identificará com os modelos de líderes e as características que constroem essa personalidade, destacando a importância das mulheres e dos jovens na dinâmica das empresas. Depois, vamos olhar a comunicação como uma competência que tem de ser desenvolvida para beneficiar você e todos que serão impactados por seus atos e decisões. A partir daí, falaremos sobre os recursos que temos à disposição e mostraremos que essa habilidade vai muito além da palavra, que costumamos usar pelos cotovelos. Em seguida, você se enxergará nas diferentes situações de comunicação que propomos, desde o show no palco até a conversa *tête-à-tête* com seu chefe ou seu colega de equipe. É aí que abordaremos as condições para entrevistas nos meios de comunicação, afinal queremos que você aproveite bem todas as chances que tiver para disseminar o conhecimento. Dedicamos um capítulo à presença das redes sociais nas nossas vidas e apresentamos dicas para lidarmos da melhor maneira com as novas tecnologias no ambiente de trabalho. A construção da nossa reputação e sua preservação e as estratégias para encararmos o estresse e o medo comuns em nosso cotidiano, especialmente quando somos desafiados, também fazem parte deste roteiro para o qual você está convidado a nos acompanhar. No penúltimo capítulo, assumimos separadamente nossos reais papéis, quando o jornalista entrevista a fonoaudióloga, trazendo à tona questões importantes e frequentes sobre o tema apresentado.

Em quase todos os capítulos, nos preocupamos em oferecer dicas práticas para ajudá-lo a aplicar o conhecimento desenvolvido, que surgirão sob o título de "Faça você mesmo". Aliás, esse também é o nome de nosso último capítulo, em que apresentamos um resumo de todas as mensagens que consideramos importantes neste livro em um formato que vai surpreender você!

Por termos a certeza de que o tema é fascinante e extremamente amplo, possível de ser visto, estudado e aplicado a partir de vários aspectos, queremos pedir a você que nos ajude a compartilhar essas ideias. Nossa intenção é que você e todos os demais que sejam alcançados por este livro passem a considerar e a aperfeiçoar essa importante competência, melhorando o modo como são vistos e avaliados, favorecendo suas relações pessoais e profissionais e tornando-se pessoas mais felizes. Ou, lembrando mais uma vez Quintana, que, mesmo atendendo à pressa da comunicação moderna, não se esqueçam jamais de se expressar da melhor maneira possível!

Boa leitura!

O desafio de adquirir novos hábitos

V ocê já parou para pensar seriamente sobre como se comunica com as outras pessoas? Já analisou quais são os sinais que você emite? Geralmente, quando nos comunicamos, estamos atentos em organizar o conteúdo, nossas ideias e os pensamentos. A forma vira rapidamente um hábito sobre o qual muitas vezes não temos a menor consciência.

Mudar um hábito, então, não é tão fácil...

As academias de ginástica têm cadastros cheios de clientes que jamais usufruíram de suas dependências ou as frequentaram tão poucas vezes que sequer perceberam as vantagens que a atividade física pode lhes oferecer. Inscrições feitas na segunda-feira e no fim das férias são comuns, que é quando as pessoas parecem mais motivadas a mudar seus hábitos. Em levantamento feito em uma das maiores academias de São Paulo, soube-se que dos 1300 inscritos apenas 300 passam por lá três vezes por semana. O restante é o que poderíamos chamar de sócios não atletas!

Uma pesquisa da Associação Brasileira de Academias identificou que aqueles que ultrapassam a barreira dos dois meses tendem a manter-se ativos – infelizmente, apenas um terço tem essa persistência. O fato se explica, também, por meio de trabalhos desenvolvidos na Universidade de

São Paulo. Eles identificaram como o corpo se molda a novos padrões de atividade e alimentação. Preste atenção no que descobriram: são necessários de 70 a 90 dias para você adquirir um hábito, desde que você repita o comportamento de cinco a seis dias por semana!

Em Londres, uma universidade encontrou resultados semelhantes ao analisar 96 pessoas que foram desafiadas a escolher um comportamento diário para transformá-lo em costume. A maioria preferiu introduzir no seu cotidiano atividades relacionadas à saúde, por exemplo comer uma fruta nas refeições. Após coletar informações durante quase três meses, constatou-se que, em média, foram necessários 66 dias para formar um hábito, tempo que variava de acordo com a complexidade da atividade. Curiosamente, o participante que optou por fazer exercícios físicos pela manhã não conseguiu criar o costume mesmo após encerrado o prazo dos testes.

O que nos leva a tratar de hábitos do cotidiano e atividade física em um livro que se propõe a trabalhar com comunicação e liderança? Temos convicção de que, assim como mudar o estilo de vida, cuidando de nossa condição física e nos alimentando melhor, também é possível desenvolver nossa capacidade de comunicação com pessoas e grupos, o que nos proporcionará bem-estar em nosso ambiente social, familiar e profissional. O modo como nos comunicamos com os outros e com nós mesmos determina a qualidade de nossas vidas, ensinou Tonny Robbins, considerado o guru de alguns dos mais influentes líderes internacionais dos cenários político e empresarial.

A academia – e não falamos mais da de ginástica – tem estimulado o interesse e o desenvolvimento do conhecimento sobre a comunicação. O tema vem ganhando grande destaque em diferentes estudos e pesquisas, o que só comprova sua relevância.

A comunicação é a competência mais requerida aos gestores das maiores corporações do mundo; dominá-la é decisivo no destino da carreira da maioria dos executivos. Um estudo feito durante 17 anos – sim, os pesquisadores precisaram de muita persistência para chegar ao resultado final – analisou a personalidade e o comportamento de 4500 executivos das 500 maiores companhias do mundo para saber o que havia em comum entre eles e o que os diferenciava dos demais colaboradores. Três qualidades se destacaram em todos os líderes: equilíbrio, flexibilidade e comunicação – não necessariamente nessa ordem, mesmo porque a comunicação ficou no topo da lista, assim como foi a primeira das seis competências consideradas mais importantes pelas empresas para que seus profissionais se transformassem em líderes.

A verdade das pesquisas se revela nas histórias do cotidiano das principais corporações. Biz Stone, um dos fundadores do Twitter, uma das mais influentes redes sociais do mundo, encontrou na comunicação a razão para que dois de seus colegas que criaram a empresa, em 2006, não tenham permanecido no cargo de CEO por muito tempo. Primeiro foi Jack Dorsey, depois Evan Williams. Ambos com talento incrível, mas que não se comunicavam bem. Stone considera que metade do trabalho de um CEO consiste em comunicação devido à natureza humana. Ele lembra ainda que na Pré-História o homem temia a caverna escura, golpeava com a lança antes de entrar ou corria dela. No âmbito dos negócios, é o que acontece com os conselheiros e investidores quando não recebem notícia do que o CEO está realizando. Por medo, o demitem. "A comunicação equivale a acender uma tocha na caverna escura", disse Stone.

De 16 competências que tornam um profissional relevante em seu ambiente de trabalho, Cláudio Queiroz, mestre em administração de empresas, apontou que a maioria tem relação direta ou indireta com a comunicação. Você encontrará nessa relação formas mais tradicionais – apesar de nem sempre bem trabalhadas –, como a escrita e a falada, mas o tema também aparece em gestão da informação, liderança, negociação, orientação ao cliente, orientação ao resultado, relacionamentos interpessoal (com os outros) e intrapessoal (consigo mesmo), e tomada de decisão. Para todas serem bem exercidas, o domínio da comunicação é necessário, é matéria interdisciplinar, pois facilita a exposição das demais competências.

Para não nos dispersarmos no olhar – afinal, foco também é importante –, vamos nos ater à competência relacionada por Queiroz, que está no centro da nossa conversa: a liderança. Descrita por ele como a capacidade de influenciar e inspirar indivíduos ou grupos a realizarem tarefas voluntariamente, exige conhecimentos específicos, como administrar conflitos, oferecer *feedback*, motivar e transformar pessoas, o que se faz com palavras e atitudes, ou seja, por meio da comunicação.

A comunicação tem tanto impacto nas relações que mantemos com amigos, parentes e amados quanto no escritório, na empresa ou nos negócios. Ou você nunca teve um colega nem sempre tão garboso quanto você mas bom de lábia, que se dava bem com as meninas na escola ou era capaz de comandar o time do colégio, mesmo não sendo o craque da bola? Desde já, porém, queremos tranquilizar aqueles que não se sentem seguros diante dos necessários e diversos tipos de diálogos que devemos manter no nosso cotidiano. Essa habilidade pode ser desenvolvida.

Choramos para nos comunicar assim que nascemos porque não sabemos falar, e, mesmo que as mães tenham certeza de que entendem todos os sinais emitidos por seus bebês, é bem provável que algumas vezes tivemos as fraldas trocadas quando tudo que queríamos era uma massagem para amenizar a cólica. Se não nascemos falando, significa que essa é uma habilidade aprendida e, portanto, passível de mudança.

Já que estamos falando em aprendizado: sabia que essa tarefa pode se tornar mais simples se você fizer atividade física, pois a probabilidade de desenvolver o poder do cérebro é maior? A primeira das 12 regras descritas por John Medina, biólogo molecular, para nos capacitar a aprender mais e viver melhor é a prática de exercícios aeróbicos ao menos duas vezes por semana. Ele constata que os exercícios são o carro-chefe da cognição: o sangue é levado ao cérebro, dá carona à glicose, que se transforma em oxigênio e energia, e estimula a proteína, que mantem os neurônios conectados. As pessoas ativas fisicamente se saem melhor em vários aspectos: memória de longo prazo, raciocínio, atenção, aptidão para solucionar problemas e desempenho nas tarefas de inteligência fluida. Medina constatou que o cérebro foi feito para que caminhássemos 20 km por dia. A Organização Mundial da Saúde sugere que, para ser uma pessoa ativa, você dê ao menos 10 mil passos por dia. O que você está fazendo parado aí? Claro que não basta só ginástica. A aprendizagem acontece de maneira mais intensa quando temos presentes duas circunstâncias, diz Medina: muito interesse – portanto, motivação quanto ao tema – e... repetição!

Para você não perder o interesse, voltemos aos fatos.

Desenvolvemos o nosso modo de falar influenciados por três grupos de parâmetros: físicos, psicoemocionais e socioculturais. Fatores físicos dizem respeito à nossa estrutura corporal geral e, de modo mais específico, àquilo que chamamos de "aparelho fonador", região que compreende elementos do rosto e do pescoço. Geralmente, corpos maiores produzem vozes mais graves, e mais delgados, vozes mais agudas, numa analogia bem didática com o som produzido por um violoncelo e um violino. Fatores psicoemocionais têm a ver com características de personalidade e com o momento emocional que vivemos. É muito comum identificarmos a voz forte do mandão, a suave da pessoa doce, o tremor na voz de quem está inseguro ao apresentar o projeto ao chefe... Fatores socioculturais têm a ver com todo o nosso entorno, com pessoas que foram significativas ou referências para nós: pais, professores, aquele tio querido, gurus... De modo absolutamente inconsciente para nós e para eles, todas essas pessoas ajudam a construir a nossa comunicação. A ocorrência desses três fatores – físicos, psicoemocionais e socioculturais – é tão particular para cada um de nós que não existe uma voz igual a outra: ela é única como nossa impressão digital. A influência deles é tão grande que muitas vezes podemos imaginar de modo muito próximo da realidade como uma pessoa é só ao ouvi-la falar!

Como os fatores físicos, psicoemocionais e socioculturais se modificam com o tempo e com nossa história de vida, a fala é dinâmica e nos escancara para as pessoas. Se nosso modo de falar não nos agrada – talvez porque não agrade aos outros, também –, podemos modificá-lo. Se temos limitações físicas, claro, o processo é mais difícil, haverá a necessidade de ajuda profissional. Quem não se lembra do filme *O discurso do rei*, de David Seidler, vencedor de três Oscar, em 2010? É centrado na batalha do Rei George VI para se comunicar melhor com os súditos em um período crucial para Inglaterra, que entraria em guerra contra a Alemanha nazista em 1939. Obrigado a assumir o trono no lugar do irmão, que abdicou ao cargo, George tem um inimigo interno a enfrentar: a gagueira. O rei encontra um terapeuta de fala, Lionel Logue, que usa métodos pouco convencionais para transformá-lo em um líder comunicador. A fórmula é mais simples do que parece: desejo de mudar, consciência das dificuldades, adaptação, dedicação e treinamento. Conforme citamos: interesse, motivação e repetição. A solução está ao nosso alcance!

Como a ideia é encontrar a melhor forma de se comunicar e transformá-la em um hábito saudável na nossa vida, inicialmente, encare sua batalha pessoal acreditando que a mudança é possível. Os hábitos surgem porque o cérebro procura o tempo todo poupar esforços, afinal ele tem de se preocupar com decisões e pensamentos bem mais complexos. É o que ensina Charles Duhigg, jornalista do *The New York Times* que investigou padrões de comportamento de consumidores e empresas. Se é assim mesmo que funciona, podemos tirar vantagem dessa situação. Identifique hábitos ruins e se proponha a mudá-los. De acordo com Duhigg, o hábito pode ser enxergado como uma espécie de circuito com três estágios: primeiro, a "deixa", um estímulo ou gatilho que manda o cérebro entrar no modo automático e indica qual hábito ele deve usar; segundo, a "rotina", que pode ser física, mental ou emocional; e terceiro, a "recompensa", que ajuda o cérebro a avaliar se vale a pena memorizar esse circuito para o futuro.

Pense naquele seu colega de escritório que fuma. Você não tem esse hábito, tem? Ele começou a fumar porque tinha no cigarro uma forma de relaxar durante os poucos minutos de descanso no expediente e se encontrar com os amigos. Hoje, não consegue mais se livrar dessa praga. O gatilho era a necessidade de se desligar por alguns instantes do trabalho estressante que realizava. O cigarro se transformou em uma rotina que lhe oferecia como recompensa a oportunidade de socializar com os colegas e, por alguns minutos, se desconectar dos compromissos profissionais. Como escapar desse círculo vicioso? A regra de ouro da mudança de hábito, segundo Duhigg, é, a partir do já conhecido, manter o mesmo gatilho e a mesma recompensa e modificar a rotina. Seu amigo fumante, se consciente do problema que enfrenta e da necessidade de mudar para não gerar ainda mais prejuízos à sua saúde, precisa manter o desejo de se distanciar por algum tempo do estresse no escritório e preservar o prazer de se encontrar com os colegas, substituindo, porém, a rotina. Em vez do cigarro, deve pensar em outra ação que lhe ofereça o mesmo prazer, como convidar os amigos para caminhar no quarteirão próximo do local do trabalho. Ou quem sabe trocar o cigarro pelo café. Há hábitos muito difíceis de serem eliminados e você nunca encontrará fórmulas únicas para mudá-los, mas o tripé *gatilho*, *rotina* e *recompensa* é um padrão aceito e de consenso entre os especialistas.

Com base nessa dinâmica do hábito, podemos refletir sobre como você pode usá-la para se transformar em um líder comunicador. Imagine que você tenha de fazer apresentações para diferentes públicos, por força do cargo que ocupa. O prêmio que você busca é o prazer da tarefa cumprida. A rotina, no entanto, é ruim, pois suas palestras costumam ser desestimulantes e, mesmo conseguindo transmitir as mensagens que considerava importantes, você sempre tem a impressão de que seu desempenho deixa a desejar. Situação que lhe provoca pavor e o faz suar frio diante da plateia. Seguindo a regra de Duhigg, mantenha a deixa e a recompensa, mude a rotina: leia mais, planeje mais, treine mais e represente muito mais. Falar bem exige conteúdo, experiência, habilidade de contar histórias e até mesmo uma boa dose de espetáculo para encantar a plateia.

Da mesma forma que iniciar a atividade física para transformá-la em hábito saudável de nosso cotidiano exige repetição de comportamento e persistência, para aprendermos a nos comunicar com eficiência ou desenvolvermos nossas qualidades de fala, são necessárias a realização de alguns cuidados constantes e muita perseverança. É preciso insistir até que seu cérebro queira repetir os novos hábitos da mesma maneira que fazia com os antigos.

Aprendendo mais uma vez com a experiência na academia de ginástica: sabe quando você chega e, antes de começar a atividade, senta para conversar com um amigo? É aí que mora o perigo. De acordo com Luiz Fernando Garcia, terapeuta especializado em estudo de líderes, ao parar e sentar, você está roubando energia do cérebro e dando-lhe a oportunidade de tomar outra decisão que não seja a de se exercitar. São nesses cinco a sete minutos que você se divide entre fazer isso ou aquilo. Quanto mais rápida for sua reação, maior o padrão do comportamento que você estabelece.

Quer uma boa notícia? Para melhorar sua capacidade de comunicação e adotar o discurso do líder, basta começar. Agora! Então, faça você mesmo!

A importância de ser líder

A busca pela liderança é quase uma obsessão no mundo corporativo, com as empresas desenvolvendo as mais diversas estratégias para chegar ao topo, em uma cenário extremamente competitivo no qual todos os dias surgem novos concorrentes dispostos a tomar o seu lugar. Os gestores se esforçam para alcançar metas estabelecidas pelo comando central, acordadas ou não com as equipes de trabalho, e pressionam seus colaboradores para que índices de desempenho e prazos sejam cumpridos. A angústia sai pela porta da frente e impacta a relação com os fornecedores, obrigados a mudar métodos na marra; afinal, a vida não está fácil para ninguém e o melhor que se faz é não perder contratos de jeito nenhum. Aos clientes, impõe-se a expectativa de que eles percebam que se está fazendo de tudo para entregar da melhor maneira possível. Tomara que entendam e continuem comprando!

Nas nossas carreiras não é diferente. Desde que começamos a trabalhar, dedicamos boa parte do tempo na busca do reconhecimento do nosso esforço e talento. Trabalhamos convictos de que oportunidades melhores surgirão e, assim que a empresa encontrar espaço, vai nos dar aquela promoção que fizemos por merecer. Sabemos que a possibilidade de liderar uma equipe gera respeito e nos coloca em situação social privilegiada, o que, no fim das contas, representa mais dinheiro no bolso. Convenhamos, dinheiro é bom e nós gostamos, não é mesmo? Mas isso só acontece como consequência, jamais como finalidade!

O esforço empreendido por empresas e trabalhadores com o objetivo de liderar seus mercados é louvável. Você sabe que é dura a vida nas corporações com as equipes tendo de matar um leão por dia – como dizem por aí. Ninguém tem a ilusão de que vai vencer se não lutar bravamente, atender as demandas e alcançar os resultados pretendidos. O problema é que todo esse trabalho, na maior parte das vezes, é desperdiçado porque se inspira nos propósitos errados. O cargo a ser ocupado e o dinheiro a ser embolsado (no bom sentido, gente!) não podem ser os objetivos que nos movem dentro das empresas – devemos aceitá-los como consequência do que pretendemos construir, jamais como o motivo que nos leva a agir. Se continuarmos a pensar dessa maneira ultrapassada, sair da cama para trabalhar sempre será mais difícil e o caminho para o escritório, cada vez mais custoso. Mesmo que seu posto seja de comando, a insatisfação vai se sobressair e em pouco tempo a conquista daquele espaço perde seu valor.

Aqui está o ponto que nos diferencia no ambiente corporativo: nosso propósito. O que importa são os motivos que nos levam a fazer o que fazemos. Por isso, temos de ter clareza na pergunta que determina nossas ações, como ensina Simon Sinek. Ele analisou grandes líderes e corporações e encontrou um padrão de comportamento que os identifica e os coloca em patamar diferente dos concorrentes, apesar de, aparentemente, todos terem à disposição os mesmos recursos e condições. Para Sinek, temos três perguntas possíveis de serem feitas quando decidimos desenvolver uma ideia, um produto ou um serviço: O que fazemos? Como fazemos? Por que fazemos? Todos sabem o que fazem, a maioria sabe como faz, mas poucos são capazes de dar a resposta certa para a pergunta mais transformadora: por que fazem? Por dinheiro, dirão alguns. Não! Esse é o resultado do que fazem. Se você quer se igualar aos mais inspiradores líderes do mundo, comece seu negócio ou sua ação refletindo sobre os objetivos, as causas e as crenças que lhe motivam. Pense, aja e comunique-se pautado nessa questão.

Ao lançarem o Skype, em 2003, o sueco Niklas Zennström e o dinamarquês Janus Friis sabiam que estavam desenvolvendo um software que permitiria a comunicação pela internet através de conexões de voz e vídeo. A inteligência implantada para o novo negócio foi sustentação para o sucesso da empreitada; mas o que os tornou diferentes não foi apenas dizer o que faziam, mas o porquê. O que os moveu foi a possibilidade de essa ideia aproximar pessoas e transformar relações. E foi essa a grande mensagem que a dupla transmitiu ao chegar ao mercado. Por isso, foram tão inspiradores. As histórias contadas de crianças que descobriram outras crianças, de casais distantes que seguiram compartilhando suas emoções, de pais, mães e filhos reaproximados foram as que transmitiram a mensagem que levou pessoas a entender a grandeza do que eles haviam desenvolvido.

Há uma explicação biológica para o efeito provocado por líderes e empresas que têm como ponto de partida um propósito, e não apenas um produto. Sinek criou a teoria do Círculo de Ouro: é uma estrutura formada por três círculos, um colocado dentro do outro, cada um representando uma das perguntas, sendo a ordem de importância de dentro para fora, tendo, assim, o "por quê?" no centro. Ele traça uma relação desses círculos com o cérebro, que é dividido em três regiões a partir de um corte transversal. A mais externa é o neocórtex, nosso cérebro mais recente e mais desenvolvido, e as outras duas respondem pelo sistema límbico, o cérebro da emoção. Quando você se comunica dizendo para as pessoas o que faz, elas reagem com a parte mais lógica do cérebro, e isso não gera atitudes. Quando você conta por que está fazendo, fala com o "coração" do outro, e é daí que partem as tomadas de decisões.

Por mais tentador que seja o poder, só há uma grande razão para você ser um líder: a chance de transformar pessoas, tornar a sociedade e as relações melhores. Pense dessa maneira, coloque esse objetivo no seu caminho, comunique de forma clara para todos qual é a sua crença e você trará para o seu lado as pessoas que acreditam na sua ideia e vão trabalhar de forma obsessiva, motivada e dedicada, investindo todo seu esforço para chegarem a liderança. Todos juntos e por um propósito bem maior!

LÍDER TEM DE TODO TIPO

O que Simon Sinek reforça em sua tese é a crença que nós temos e defendemos neste livro. A comunicação é fundamental para você ser um líder, pois é através dela, na estrutura que damos às mensagens que pretendemos transmitir, que conseguimos convencer nossos liderados e parceiros a se envolver em uma causa. Talvez isso também explique o fato de que na Antiguidade os líderes eram escritores, artistas e filósofos. Gente que desenvolveu naturalmente a capacidade de influenciar o comportamento e a mente das pessoas, que admiravam seus atributos. Os líderes conseguiam conduzi-los com base na atração e através de características pessoais. Eram carismáticos! Eram comunicadores!

Desde que se tem referências ao seu uso, a palavra *liderar* – e esta já era usada no ano de 825 a.C. – sempre esteve relacionada a comando, direção e condução, ou seja, sempre foi um atributo importante e necessário para o desenvolvimento da humanidade. Ao contrário dos primeiros tempos, porém, quando apenas alguns privilegiados nasciam com essa capacidade, os candidatos a líder passaram a contar com a possibilidade de se instrumentalizar, de se preparar para essa função por meio do conhecimento científico, do acesso a diferentes estudos, da realização de cursos, da literatura e do cinema, do auxílio profissional... Peter Drucker, em 1966, já alertava para a vulnerabilidade da civilização se dependêssemos apenas de uma minoria que possui talentos inatos: "a eficácia pode ser aprendida... deve ser aprendida". Hoje, com dedicação, você desenvolve a capacidade de liderar tanto quanto a de se comunicar, pois ambas estão associadas. Podem e devem ser aprendidas.

A comunicação é uma via de mão dupla e, portanto, não basta preocupar-se apenas com o seu comportamento sem levar em consideração a realidade daquele com quem você interage. No exercício da liderança, essa também é uma verdade, principalmente se estivermos dispostos a aplicar no ambiente de trabalho os conceitos mais apropriados para o tipo de sociedade que temos atualmente. No nosso contato com várias empresas e seus líderes, temos observado que o comando das empresas está cada vez mais horizontal, eliminando a verticalidade hierárquica que marcou o início das corporações. Assim, somente faz sentido o papel do líder se protagonizado com todo o elenco corporativo, respeitando as individualidades, ouvindo os interlocutores, permitindo a aparição de novos líderes – se não líderes de equipes, líderes deles próprios, com a condução de suas carreiras.

É preciso, então, que estejamos atentos aos sinais emitidos por nossos interlocutores, regulando nosso padrão de fala de acordo com o retorno que temos. Isso possibilita a transmissão plena da mensagem, o que garante a reciprocidade da comunicação. Essa compreensão nos parece muito clara atualmente, mas já, na década de 1990, o consultor Vicente Picarelli alertava para o fato de que "para expressar seus dons, o líder deve ter coragem para falar e respeito para ouvir". A preocupação justifica-se na medida em que a comunicação não é um processo transparente, já que depende da subjetividade, das motivações e expectativas do receptor. Este pode modificar a mensagem recebida de acordo com seus parâmetros pessoais e intrínsecos. Assim, torna-se interessante identificar e refletir sobre alguns aspectos desse processo, tais como os interpessoais e os intrapessoais, que estão relacionados ao próprio falante e à maneira como sua imagem é identificada pelas outras pessoas. Dizem respeito ao repertório de qualidades e defeitos que o nosso padrão de comunicação apresenta. Sim, temos de ter clareza de que não possuímos apenas pontos positivos e que os negativos ou só razoáveis podem ser melhorados. Ter a consciência de como nos apresentamos é necessário. A partir dela, é possível instalar as mudanças desejadas.

Os aspectos interpessoais dizem respeito à dinâmica do processo de comunicação. Devemos nos manter atentos aos sinais que recebemos, além dos que emitimos. Temos que sair do foco pessoal para o foco da relação com o outro. A boa comunicação deve estar adaptada ao tipo de interlocutor, ao cargo que ele possui e ao papel social que falante e ouvinte desempenham naquele momento. Em tese, falar com subordinados é mais fácil, pois você tem mais informação e poder. Nesse caso, você deve adaptar sua comunicação para traduzir o seu conhecimento de forma agradável e compreensível, reforçando sua autoridade, e não apenas o poder de seu cargo. Com os superiores, existe a preocupação de algo mais bem elaborado e de maior demonstração de conhecimento daquilo que o torna especial, mas ainda assim é tranquilo, desde que você esteja seguro. Já com nossos pares, a relação torna-se um pouco mais difícil porque pode envolver, eventualmente, competição. Como sempre, sua preparação é fundamental. E a maneira como você processa esses aspectos e relações desenha seu modelo de liderança.

Você constrói seu perfil de líder nas escolhas do cotidiano – dentro e fora da empresa. Fazemos, em média, 15 mil escolhas em um dia comum, principalmente sobre a maneira como vamos nos comportar com as pessoas que cruzarem nosso caminho. Entre o estímulo que nos atinge e a reação que decidimos ter, há um mundo de opções. Imagine-se diante de um subordinado que acaba de criticar uma decisão sua ou a obedece, mas demonstrando total discordância. O que você faz? Qual sua opção? James Hunter, autor do livro *O monge e o executivo*, chama isso de opção de caráter. Entre o estímulo e a reação existe o caráter, e este reflete nosso empenho em fazer o que é certo, ignorando impulsos ou caprichos e independentemente dos custos pessoais. Caráter é o que tem levado as grandes corporações a contratar seus futuros líderes. As habilidades para chegar lá podem ser treinadas.

Antes de falarmos sobre estilos na forma de liderar, é preciso deixar bem clara uma diferença que será crucial no seu progresso na carreira e em seu futuro dentro da empresa. Existem características que não deixam dúvidas e separam os bons dos maus líderes.

FAÇA VOCÊ MESMO

Quem é você?

Se você é um bom líder…

- tem habilidade comunicativa.
- tem credibilidade para tirar dúvidas e reproduzir informações.
- está acessível para o contato direto.
- é capaz de intervir quando os comunicados não forem bem digeridos ou derem margem a comentários negativos.
- é um bom contador de histórias.
- está sempre aberto a mudanças.

Agora, se você é um mau líder…

- tem dificuldades de comunicação.
- usa mais recursos tecnológicos do que o contato humano.
- evita relacionamento direto com seus liderados.
- não favorece a escuta ativa.
- tem pouca sensibilidade para identificar o retorno de seus liderados.

Diferentes autores definem liderança e a tipificam. Tipos que, muito provavelmente, farão você lembrar de um chefe ao qual teve de se submeter durante a carreira. Ou que o farão se enxergar.

Há o líder autocrático ou autoritário, que toma todas as decisões em vez de permitir que seus seguidores participem delas. Ele fixa as diretrizes e as impõe ao grupo. Esse tipo de líder confia no poder legítimo, de recompensa e de coerção. Há o democrático ou participativo, que, individualmente, se parece mais com todo o grupo, pois se esforça para assim ser reconhecido ao permitir que a decisão seja debatida e adotada pelo consenso. Ele confia na força da experiência e no poder de influenciar os subordinados. Há o liberal, que entrega ao grupo o poder da decisão e se diferencia do democrático por se eximir dessa responsabilidade. Permite que a equipe faça o que bem quiser, não regula os acontecimentos nem exerce qualquer controle. Somente atua se provocado pela equipe.

Que tipo de líder você é?

Não se preocupe se encontrar traços de cada um desses modelos de liderança na sua forma de conduzir os trabalhos na empresa. Essa classificação não é estanque, pode e deve modificar-se conforme a situação enfrentada. Em seu ambiente de trabalho, o líder pode exercer os diferentes estilos dependendo do cenário, do objetivo e, também, dos profissionais com os quais está interagindo. Mesmo que se considere um liberal, diante de uma crise é possível que a sua versão autoritária – ou autocrática, para não causar espanto – tenha de se revelar. Há momentos em que pode subordinar uma decisão ao grupo, com amplo processo de discussão, e outros em que entrega à equipe a responsabilidade sem nenhuma interferência sua. Quanto maior for a relação de confiança desenvolvida entre líder e liderado, a migração de um modelo a outro será mais bem compreendida. Para isso, o esclarecimento das regras que regem essa interação facilita todo o processo, pois faz com que todos saibam o "porquê" estamos fazendo.

Um bom exemplo de como essa diversificação no ato de liderar é importante e deve ser adaptada às circunstâncias você encontra em *Invictus*, filme dirigido por Clint Eastwood em 2009. Se você ainda não assistiu, vale a pena fazê-lo assim que terminar este livro. É uma aula de liderança! O mestre: Nelson Mandela, representado pelo ator Morgan Freeman. Baseado no livro *Conquistando o inimigo*, de John Carl, o filme descreve o esforço de Mandela para unificar a África do Sul após 46 anos de *apartheid*.

Em uma das primeiras cenas, Mandela chega ao seu novo gabinete e assiste a funcionários do antigo governo, todos brancos, com olhar assustado e certos de que serão enxotados. Afinal, havia chegado a hora de os negros tomarem o poder. Claro que o talento de Freeman ajuda na performance, mas para Mandela, com sua habilidade incrível, não deve ter sido muito diferente: distribuindo seu olhar para todos que estão na sala, com gesticulação leve e tom apaziguador, inicia sua fala provocando sorrisos ao dizer que imagina que alguns deles devem conhecê-lo. Em seguida, revela sua percepção e seu respeito ao sentimento de medo que tocava aquelas pessoas. Deixa-os à vontade para tomarem a decisão que o coração deles mandar. E faz um convite, apresenta a causa pela qual se compromete trabalhar. Diz o porquê deveriam ficar: construir um país que será exemplo para o mundo. Mandela usou de todas as estratégias do discurso de um líder democrático: empatia, reconhecimento, aproximação, autonomia, compromisso claro e uma causa. É evidente que a reação foi muito positiva, e naquele momento ele conquistou um grupo de liderados motivados, dispostos a colaborar com a maior boa vontade!

Em outro momento, se vê obrigado a intervir na decisão do Conselho Nacional Africano, que, por unanimidade, havia mudado o nome e uniforme da seleção de rúgbi, símbolo de orgulho dos brancos. Esse movimento destruiria a estratégia dele de fazer dos Springboks o símbolo da unificação dos sul-africanos. Mandela entra na reunião do partido e se apresenta com voz firme, olhar sério e gestos mais altos: algumas vezes com o dedo em riste, em outras com a mão fechada. Começa seu discurso reforçando a ideia de que domina o tema sobre o qual vai falar, ao iniciar várias de suas frases com a expressão "eu sei". Apresenta a sua decisão: devolver o nome, o emblema e as cores à seleção nacional. E diz o porquê ao descrever sua experiência na cadeia e sua visão de futuro para a África do Sul. Encerra com o pedido, que foi aceito: "Vocês me elegeram seu líder, deixem-me liderá-los!". Mandela usou de todas as estratégias do discurso de um líder autocrático: firmeza, autoridade, conhecimento, imposição, compromisso claro e uma causa.

O mesmo líder usou formas diferentes de liderar em nome de um mesmo objetivo. Isso porque cada situação tem de ser encarada conforme sua gravidade e momento. O perfil dos públicos também era diferente e isso foi levado em consideração. Se, na primeira cena, havia a necessidade de aproximar uma audiência reativa gerando confiança, na segunda, era fundamental delimitar a competência dos membros no comando da nação. É o que os liderados esperam de você: a demonstração de que entende a importância do desafio enfrentado pela equipe. Muitos líderes deixam de fazer a coisa certa e optam pelo caminho mais fácil, que é o da ausência de conflitos, mas a isso Hunter dá o nome de falta de caráter. Para o consultor americano, o que deve definir a atuação é o perfil do líder servidor, que demonstra "ao mesmo tempo um rigor implacável e uma afeição sincera". Atitude que pode indicar a saúde ou doença organizacional, pois estas dependem da liderança ou da sua ausência. Quando você não responde à altura da necessidade, abre mão de liderar. Portanto, diante de uma crise, não tenha medo de ser autoritário. Mas cuidado: se estiver aumentando a frequência em que posturas autocráticas são necessárias no comando da equipe e isso começa a se tornar um padrão, uma das duas coisas está errada: sua equipe ou sua sensibilidade. Em ambos os casos, cabe a você rever modelo, processos e pessoas, antes que a organização reveja o líder.

Mesmo que haja aparente consenso entre estudiosos sobre o novo papel do líder, é evidente que ainda encontramos no ambiente de trabalho adeptos da velha fórmula do "manda quem pode, obedece quem tem juízo", na medida em que esse formato consagrou executivos e corporações por muito tempo. Ainda hoje, temos empresas que seguem esse modelo, no qual a comunicação funciona em um só sentido: de cima para baixo (apesar de não gostarmos de chamar isso de comunicação). Pior, com resultados positivos, aparentemente. Não se engane, porém: mesmo que as metas sejam alcançadas e os lucros aferidos ao fim de um período, esse modelo é cada vez mais insustentável diante de um mercado competitivo e aberto.

Hoje, pesquisas mostram que as empresas identificadas como as melhores para se trabalhar tendem a obter resultados mais positivos e desempenho mais avançado nas bolsas de valores. Foi essa constatação, a melhoria do desempenho econômico, que motivou os americanos a darem atenção aos ensinamentos do visionário Hunter, que, curiosamente, antes conquistou grande prestígio aqui no Brasil. Demorou para os pragmáticos americanos perceberem que liderança servidora dá lucro. De acordo com dados do instituto Great Place to Work, um terço do desempenho dos negócios tem a ver com o ambiente organizacional e mais da metade dessa sensação em relação ao ambiente organizacional tem a ver com as ações do líder. Não necessariamente ao estilo do líder, mas com certeza ao seu esforço em criar um clima de confiança.

O que mais se busca atualmente é a figura do líder educador, que se assemelha a um professor que estimula o aluno a gostar de determinada matéria. Eugênio Mussak, especialista em liderança, explica que "o líder educador é capaz de incentivar uma pessoa a perceber a importância, valor e beleza dos trabalhos produzidos por ela mesma". Já Robert Rabbin define os líderes por sua capacidade de influenciar: visionária, apaixonada, espiritual, autêntica, carismática e prática. Assim, uma boa definição de liderança hoje é a proposta por Hunter: "habilidade de influenciar pessoas para trabalharem entusiasticamente visando atingir aos objetivos identificados como sendo para o bem comum".

O fato é que cada um desses tipos de líder exige um padrão de comunicação correlato, embora mantenha seu perfil pessoal. É como trocar de roupa adequadamente para as diferentes situações que você vive. Não deixa de ser você, apenas com a vestimenta mais apropriada. Saiba também que, ao desempenhar seu papel de líder com autoridade, sua própria maneira de ser e agir passa essa mensagem para as outras pessoas naturalmente. Como já disse Margareth Thatcher: "Estar no poder é como ser uma dama. Se tiver que lembrar às pessoas que você é, você não é".

LÍDER TEM DE COMUNICAR

Temos a convicção de que a comunicação é arma poderosa e definidora para o tipo de líder que você pretende ser. Encontramos sustentação para essa ideia no pensamento do historiador Plutarco, que, ao traçar o perfil de personalidades greco-romanas, na obra *Vidas paralelas*, escreveu: "Muitas vezes uma pequena coisa, a menor palavra, um gracejo ressaltam melhor um caráter (*éthos*) do que combates sangrentos, batalhas campais e ocupações de cidades". Ele conseguia entender muito mais o líder pelos sinais que emitia do que pelas vitórias que conquistava. Precisamos, portanto, desenvolver nossa capacidade de comunicação, emitindo os sinais certos e adaptando-os ao estilo de liderança que buscamos, tendo como prioridade obter o comprometimento dos liderados por meio da autoridade, e não apenas pelo poder. Seja um líder comunicador!

O diálogo está na base desse modelo de liderança que defendemos e que precisa ser entendido em sua plenitude. É comum traduzi-lo como uma conversa a dois. Os dicionários assim o definem, mesmo porque passou a ter esse significado. Na sua origem grega, porém, temos "diálogos", sendo que *dia* – que também se encontra em dialética – significa "através", "passagem" ou "movimento". Enquanto *logos* é "palavra", "razão" ou "verbo". Conclui-se que *diálogo* é uma corrente de sentidos e significados que são compartilhados na busca de algo em comum. E compartilhados não apenas a dois, mas com todos. Lembre-se: jamais traduza diálogo por duelo. Pelo diálogo, devemos encontrar convergência na equipe e capacitá-la a alcançar os objetivos traçados, movê-la em um mesmo sentido, ou seja, motivá-la.

 **FAÇA VOCÊ MESMO**

O caminho para um diálogo qualificado:

1. Reaprender a ouvir.
2. Ouvir é tão importante quanto falar.
3. Exercitar a paciência.
4. Saber perguntar.
5. Não demonstrar pressa.
6. Atenção na linguagem não verbal.
7. Identificar as necessidades do outro.
8. Buscar pontos em comum.
9. Criar vínculos que fortaleçam as relações.

O ambiente corporativo ensina que a busca pela motivação passa pela forma como os líderes enxergam as intenções dos seus funcionários em relação à empresa. Por exemplo, é preciso entender que as pessoas lutam pelo próprio sucesso. Então, você tem de mostrar o que elas ganharão se estiverem motivadas. Max Gehringer, consultor de carreira e comentarista da rádio CBN, diz que é errado imaginar que os empregados serão convencidos a trabalhar mais e melhor porque o sucesso da empresa resultará no sucesso deles. É o contrário: o sucesso de cada um dos profissionais é que fará o sucesso da empresa. Portanto, mude seu discurso, troque a ordem de sua fala e você mudará a forma das pessoas agirem. É isso mesmo! A comunicação oral influencia fortemente o ambiente de trabalho, os relacionamentos pessoais e o negócio em si.

Apesar das facilidades proporcionadas pelas ferramentas eletrônicas, estas jamais serão tão eficientes quanto a comunicação pessoal, cuja abrangência envolve não somente o sujeito, mas também todo o ambiente corporativo. A oralidade está na essência de uma comunicação interna eficiente, pois permite a troca de olhar, a cumplicidade e um entender que não se concretiza, por exemplo, no e-mail. Apesar desse ganho, a comunicação oral é muito mais difícil de controlar, pois depende basicamente da subjetividade dos interlocutores. O mais importante, diante dessa verdade, é termos noção de como nosso estilo próprio, nossas características pessoais, são fundamentais para constituir a imagem de líder. Reforçar nossos pontos positivos, tirar partido deles e corrigir ou atenuar os negativos é o caminho para definirmos nosso estilo, e é isso que realmente se valoriza hoje em dia. Agora, temos de compreender que algumas qualidades são desejáveis e, se não as identificarmos em nosso perfil, temos de incluí-las no processo de aprendizagem que nos transformará em um líder comunicador.

FAÇA VOCÊ MESMO

Características essenciais para um líder comunicador:
1. Conhecimento do tema a ser tratado.
2. Criatividade.
3. Poder de síntese.
4. Voz bem colocada.
5. Clareza na articulação.
6. Uso adequado dos recursos vocais.
7. Bom vocabulário.
8. Postura e atitude pró-ativa.
9. Boa expressão corporal e facial.
10. Uso adequado dos gestos.

FEEDBACK É COISA DE LÍDER

Já ouvimos muitos líderes de empresas confessarem, quando fechados em quatro paredes, que liderar seria muito melhor se não tivessem que tratar com pessoas. O relacionamento interpessoal, como já mostramos até aqui, é bastante complexo e se transforma em um tremendo desafio, especialmente para quem construiu a carreira diante dos manuais e se dedica a desenvolver processos e produtos. Como as pessoas não são máquinas (ainda bem), nenhuma foi fabricada igual a outra e estão por aí com suas idiossincrasias e subjetividades a colocar sua liderança à prova.

Das muitas atividades que precisam ser desenvolvidas diretamente com seus liderados, tais como motivá-los a atuar de forma coesa, engajá-los nas diferentes ações da empresa, conquistá-los pelos propósitos que os movem e incentivá-los a desenvolver suas carreiras, talvez a mais difícil seja o *feedback*. Essa é a hora da verdade, do olho no olho, de dizer o que você pensa e precisa. A expressão costuma ser usada no inglês mesmo, pois poucos conseguiram traduzi-la para algo mais preciso em português. Os dicionários *on-line* a traduzem para *comentário*, mas você encontrará também como *retorno*, *opinião*, *reação*… e mais um monte de palavras incapazes de dar a verdadeira dimensão desse momento.

A perspicácia de Gehringer o fez levar a tradução de *feedback* ao pé da letra: *alimentar por trás*. Com todo respeito, claro! Mais do que traduzir uma expressão, ele traduz uma sensação que paira nos escritórios sempre que o chefe chama alguém para avaliar o seu trabalho. Justifica-se esse temor, pois boa parte dos responsáveis pelo *feedback* nas empresas o faz sem os devidos cuidados e sem levar em consideração que, assim como qualquer forma de comunicação, a mensagem vai e volta. Você dá e recebe o *feedback*.

Toda relação, mesmo ou principalmente fora do mercado de trabalho, exige conversas frequentes para que se ajustem arestas e se evitem mal-entendidos. Em um casamento, sempre que alguém é chamado para uma DR – discussão de relacionamento –, pode ter certeza, é porque alguma coisa já deu errado. Por isso, o ideal é que esse diálogo ocorra naturalmente no cotidiano do relacionamento, o que impede que fantasmas assombrem o casal e dúvidas sejam dirimidas. Se é de pequenino que se torce o pepino, por que deixá-lo se transformar em um tremendo abacaxi? Da mesma forma, acontece na vida profissional. Temos de estar preparados para oferecer e receber opiniões, críticas e sugestões sobre o desempenho de cada um.

O problema é que levamos para o ambiente de trabalho o tipo de avaliação que costumávamos receber na escola quando o professor nos convocava para tratar do nosso desempenho em sala de aula. Ele falava e nós sequer tínhamos coragem de levantar a cabeça. Em casa nunca foi muito diferente. Os pais nos chamavam, apontavam nossos erros e lá íamos nós para o quarto de castigo. Aliás, até pouco tempo atrás os *feedbacks* também eram pautados pela máxima "quando um burro fala o outro abaixa as orelhas". Nesses casos, havia razão ao menos na primeira parte da sentença, pois quem comandava assim estava fazendo uma baita burrice. O fato é que na empresa não estamos tratando com filhos e alunos, ninguém mais é criança para abaixar a cabeça (ou as orelhas), menos ainda os jovens que invadem os escritórios com sua personalidade irreverente. O respeito não é imposto, é conquistado!

Um dos grandes erros do *feedback* é acreditar que ele só serve para criticar as pessoas. Um fenômeno que tem se espalhado pela sociedade, formada por pessoas que parecem não saber mais conversar, discordar, convencer e entender que existem pontos de vista diferentes dos nossos. Preste atenção nos fóruns de discussão e espaços abertos para comentários na internet. Boa parte dos que se pronunciam o faz de maneira ácida, cruel e, às vezes, covarde, na tentativa de desconstruir uma imagem ou personalidade quando o ideal seria contribuir com o enriquecimento e a diversidade de ideias. Um líder de verdade usa o *feedback* não para criticar, mas para ajudar a construir as pessoas. Se o objetivo é a busca por uma liderança transformadora, o líder deve fornecer *feedback* com foco no desenvolvimento. O olhar diferenciado sobre essa prática é decisivo nos resultados que você pode alcançar.

No próximo capítulo, falaremos de forma específica sobre assertividade, mas já queremos que você saiba que ao ser assertivo, tanto ao falar quanto ao ouvir, o resultado do *feedback* é transformador, a medida que se torna mais preciso, e o impacto nas relações interpessoais e nos processos dentro da organização, mais significativo. Para minimizar os conflitos e melhorar o desempenho, essas avaliações precisam ser construtivas e direcionadas, sempre feitas de forma individual para não gerar ainda mais barreiras. Por incrível que pareça, no passado os *feedbacks* eram coletivos. Imagine o clima! Hoje somente os elogios podem ser feitos em grupo, em público.

Antes de iniciar a conversa, faça um roteiro e selecione os pontos a serem abordados. Vá direto aos fatos, isso reduz a possibilidade de uma reação defensiva que ocorre quando você começa com julgamentos que podem ser precipitados. É um erro usar estereótipos ou frases genéricas, é bem melhor ser descritivo na fala, mostrando de maneira prática o que o incomoda. É preciso levar em conta que, na verdade, você tem apenas metade da história, contada a partir da forma como o comportamento do outro afeta você. É preciso ouvir a outra metade, as intenções e motivações do outro. Por isso, Dale Carnegie, especialista no treinamento de líderes, já alertava que aquilo que você acredita ser a verdade é uma questão subjetiva. Para tanto, ele recomenda que se tempere o *feedback* com elogios sinceros, feitos com sabedoria, sutileza e sempre no nível profissional. E ensina que a atitude de quem fala influencia a atitude de quem ouve, o que, por sua vez, leva ambos à ação.

Lembre-se também de que as pessoas não mudam somente por sua causa, mas, preferencialmente, por entenderem que a mudança lhes favorecerá. Será preciso na discussão, então, mostrar os benefícios que elas terão com a transformação proposta. Esteja pronto para as objeções, negativas e resistências, que são naturais, especialmente se a prática não for comum na sua empresa. O *feedback* tem de ser uma conversa de iguais, mesmo que o crachá demonstre o contrário.

FAÇA VOCÊ MESMO

Como dar *feedback*, segundo Carnegie:

- Quando? Considere o momento, o lugar e a situação; avise que vai dar o *feedback*.
- Onde? Sempre em particular.
- Como? Construtivo, direcionado, claro, objetivo e específico.
- Quem? Sempre individuais, com possibilidades de resposta da equipe; saiba como pedir e como devolver.
- Por quê? Para mudar pessoas e empresas.
- Elogie, recomende, elogie.

É difícil dar *feedback*? Com certeza é. Por isso há tantos manuais tentando nos ensinar quais as melhores estratégias. Todos concordam, porém, que mais difícil ainda é receber o *feedback*, já que ali está em jogo sua carreira e seu destino na empresa. Os chefes até tentam mostrar o contrário. Em alguns casos, chegam a parafrasear aquelas mães que batiam com o chinelo no traseiro do filho e repetiam à exaustão: "Acredite, isso dói mais em mim do que em você!". Não acredite, não! Ao menos no caso do *feedback*. Sempre vai doer mais no empregado; portanto, o único jeito de transformar aquela situação em oportunidade é, primeiro, estar ciente de que um dia ela virá. E, quando vier, você tem de estar pronto.

Encare o *feedback* como a chance de melhorar seu desempenho nem que seja no próximo emprego. Esteja aberto para ouvir detalhadamente cada palavra e recomendação e as utilize a seu favor. Evite ser reativo, desmerecer as críticas e considerar tudo uma grande mentira ou culpa da oposição. Da mesma forma que o líder está construindo a sua verdade com parcela da história, você também está. Portanto, o melhor é aproveitar a história dele para complementar com a sua para, quem sabe, ambos chegarem a uma verdade em comum. Caso você realmente discorde do que está sendo dito, use argumentos consistentes para sustentar sua opinião, com a habilidade que os bons comunicadores desenvolvem. Jamais permita que a raiva paute suas respostas, é pouco sensato e nada produtivo; pois, além de não atender à expectativa do seu líder, você tende a fechar olhos, ouvidos e mente para os ensinamentos que estão por vir. Entenda os motivos que fazem seu líder pensar dessa maneira sobre seu desempenho. Abra sua mente para identificar quais sinais você está emitindo!

FAÇA VOCÊ MESMO

Como receber *feedback*:
- Se ele demorar, vá buscar no seu líder.
- Jamais negue por completo a crítica.
- Jamais acredite plenamente no elogio.
- Tenha humildade para aprender.
- Deixe clara a sua disposição de melhorar.
- Na dúvida (ou na certeza) converse com seus colegas e amigos.
- Mude de comportamento se concordar.
- Mude de emprego se, depois de tudo isso, discordar.

Você pode ser um profissional e não estar no comando de uma empresa nem ser empregado de outra. Mesmo assim o *feedback* é fundamental para seu desenvolvimento. Portanto, para ser o líder da sua própria carreira, aprenda a ouvir o que dizem seus parceiros de negócios e clientes.

ISSO É COISA DE MULHER

É coisa de mulher, sim! E é bom que os homens saibam disso! Afinal, a promessa de igualdade de gênero está mais próxima quando o assunto é liderança. Ok, sem muito entusiasmo! Está, ao menos, muito mais próxima do que no fim do século passado – o que nem faz tanto tempo assim, convenhamos. Em 1995, só nomes masculinos apareciam no topo da lista de comando das 500 maiores empresas americanas listadas pela revista *Fortune*. Duas décadas depois, já havia 26 mulheres ocupando o cargo de CEO nessa privilegiada seleção de empresas. Mary Barra, na GM, Meg Whitman, da HP, Ginni Rometty, na IBM, foram algumas das que chegaram ao topo e nos ilustram a mudança que está em curso. Também nos revelam que o sucesso delas ainda é motivo de surpresa para muitos de nós, como se a presença de mulheres em cargos de liderança fosse algo exótico.

A mudança existe, mas é ainda pouco expressiva se levarmos em consideração que as mulheres representam apenas 5,2% dos CEOs Fortune500. Ao olhar as estatísticas no Brasil, percebemos que a presença delas é ainda menor, pois somente 3,4% dos CEOs são mulheres, de acordo com o Núcleo de Direito e Gênero da Escola de Direito da Fundação Getúlio Vargas, em São Paulo. Alguns especialistas entendem que a tendência é que essa transformação se aprofunde nos próximos anos considerando a quebra de paradigma provocada especialmente pelas empresas de tecnologia: setor inovador, pouco contaminado pelas práticas gerenciais (e masculinizadas) do passado, o qual estaria se mostrando mais adepto à diversidade. No entanto, dados recentes mostram que a proporção de mulheres em empresas de software e computação caiu de 34%, em 1990, para 27%, em 2011, no Vale do Silício. Além disso, das empresas de alta tecnologia criadas em 2004, apenas 1% foi fundada por mulheres.

A nos proporcionar boas perspectivas em relação à ascensão feminina nas empresas está a opinião pública mais favorável às mulheres. Um relatório do Pew Research Center, publicado em 2015, mostra que a maioria dos americanos acredita que as mulheres são tão capazes de serem bons líderes quanto os homens. Em qualidades relacionadas à liderança, tais como inteligência e poder de inovação, a percepção é de que homens e mulheres não se diferenciam. Quando as características analisadas são honestidade, justiça, compaixão e adesão a compromissos, as mulheres levam vantagem.

O olhar positivo para a liderança feminina, porém, ainda encontra resistência no ambiente corporativo, provavelmente porque o preconceito está enraizado de tal forma que não somos capazes de nos livrar dos estereótipos por mais que tentemos nos convencer do contrário. Na hora da escolha, o moço alto, com voz forte, de preferência de terno e gravata leva a melhor. É isso mesmo... a altura faz diferença também: 30% dos CEOs Fortune500 tinham 1,87 m ou mais, foi o que descobriu Malcolm Gladwell, em seu livro *Blink*, de 2005. Mas nosso assunto aqui não é estatura física. É capacidade de liderar. E as mulheres já provaram que a têm de sobra, mesmo diante de todas as barreiras, inclusive internas.

As mensagens negativas emitidas no decorrer dos tempos intimidam seu comportamento. Um discurso que começa dentro de casa, onde se mostra que isso é coisa de menina e aquilo de menino, que impõe a elas as tarefas domésticas, o cuidado das crianças, a necessidade de serem meigas e delicadas. São as moças que lavam a louça, enquanto aos moços cabe a limpeza do carro... E se estende à sala de aula, à relação com os outros e ao esporte: "Joga como um homem!". Em todos os espaços, os estereótipos são reforçados. Esse discurso é absorvido e transferido para o mercado de trabalho, em que são oferecidos cargos que não costumam elevá-las ao comando da empresa. Quase a totalidade dos CEOs das maiores empresas mundiais, hoje, tem cargo de operação antes de chegar ao posto mais alto, e mais da metade das mulheres estão ocupando os cargos funcionais: diretorias financeiras, jurídicas e de recursos humanos, por exemplo.

As mulheres nascem, crescem e aprendem que é errado falar sem rodeios, ter iniciativa e ser mais poderosas do que os homens, diz Sheryl Sandberg, chefe operacional do Facebook. Para ganhar poder, é fundamental se livrar dessas barreiras internas, ensina, baseada em sua própria experiência.

No escritório, os estereótipos são tão fortes que até a "má fama" de que as mulheres são tagarelas desaparece em virtude da opressão masculina. Anos atrás, quando o produtor do seriado de TV *The Shield* (fora do ar desde 2008), Glen Mazzara, percebeu que duas jovens escritoras estavam em silêncio durante a reunião em que se discutiam os argumentos para o roteiro, pediu para elas falarem mais. O que viu a seguir foi a cena que se repete na maior parte das salas de reunião e discussão das empresas: sempre que elas começavam a falar, eram interrompidas, apesar de apresentarem boas ideias.

Em outro cenário, um banco internacional, a contribuição dos funcionários para a melhoria dos processos se refletia em avaliações de desempenho positivas no decorrer do tempo; sugestões de mesma qualidade apresentadas pelas funcionárias não melhoraram a percepção do desempenho delas. Os dois casos foram descritos por Sandberg em série de artigos escritos com Adam Grant, da Universidade da Pensilvânia, no *The New York Times*, no início de 2015.

Em apoio à tese, a publicação apresentou pesquisas de comportamento relacionando liderança e gênero. Em um dos estudos, Victoria L. Brescoll, psicóloga da Universidade de Yale, analisou o comportamento dos senadores americanos e descobriu que os homens considerados mais poderosos – baseado em tempo de legislatura e posição de liderança – discursavam mais do que os do "baixo clero"; em relação às mulheres essa diferença não foi encontrada. Na mesma linha de pesquisa, Brescoll pediu para que homens e mulheres avaliassem a competência de CEOs a partir da frequência com que expressavam suas opiniões. Independentemente do sexo de quem julgou, os homens que falaram mais do que seus pares foram premiados ao receberem conceitos 10% maiores; as mulheres foram punidas com conceitos 14% menores. O que é poder para eles é perdição para elas. Mulheres protegendo-se com o silêncio não é sinal de paranoia, é sinal de sobrevivência. E isso precisa mudar!

Veja que nem sequer entramos na questão da maternidade, que nos oferecerá mais uma gama de preconceitos a impedir o desenvolvimento das mulheres na carreira profissional. Mães são vistas como menos comprometidas com o trabalho do que mulheres que ainda não tiveram filhos; enquanto os pais são avaliados como mais comprometidos com o trabalho do que os homens que não tiveram filhos. A lógica: mulheres têm de cuidar dos filhos e trabalhar; os homens têm de trabalhar para sustentá-los. Isso posto em dinheiro, torna o cenário ainda mais cruel.

Michelle Budig, professora de Sociologia da Universidade de Massachusetts, analisou os salários entre 1979 e 2006 nos Estados Unidos e comprovou que os homens com filhos têm um "bônus de paternidade" de 6%. Já as mulheres pagam uma "pena de maternidade", com perdas de 4% em seus ganhos para cada criança que tiverem. É verdade que os homens trabalham mais quando têm filhos, porém Budig descobriu que fatores que podem impactar os vencimentos, como experiência, educação, horas trabalhadas e renda familiar, implicam em apenas 16% desses ganhos para os pais e um terço das perdas para as mães. A maior parte do "bônus de paternidade" e da "pena de maternidade" vem da discriminação. Da maneira como os empregadores pensam e agem no seu cotidiano.

Em outro trabalho, no qual foram enviados a centenas de empregadores currículos falsos, que sinalizavam se candidatos eram homens ou mulheres e se tinham filhos, a pesquisadora Shelley Correll, da Universidade de Stanford, constatou que as mães tinham metade da chance de serem chamadas para uma entrevista do que os pais. Curiosamente, na lista de preferência dos selecionadores, pais eram mais desejados do que mulheres sem filhos, que eram mais desejadas do que homens sem filhos, que eram mais desejados do que as mães.

Essa realidade exige mudança de postura dos novos líderes. Nem que seja por pragmatismo: é preciso entender que, se as mulheres perdem não conseguindo elevar-se na hierarquia, a empresa perde mais ainda. A começar por impedir que ideias qualificadas mudem processos e comportamentos, além de abrir mão de características essenciais às empresas modernas: capacidade de ensinar, interagir, educar, relacionar-se e trabalhar em equipe. Características para as quais as mulheres são muito mais incentivadas em sua formação do que os homens, lembra Luiza Trajano, dona do Magazine Luiza. A empresária entende que é preciso assumir a feminilidade em cargos de chefia e mostrar que é possível ser tão ou mais competente, sem adotar os padrões convencionais de administração feitos por homens e para homens.

Pesquisas mostram que, quando se trata de ter habilidades para liderança, embora os homens sejam mais confiantes, as mulheres são mais competentes. Sandberg e seu colega de análise, Grant, garantem que "*startups* lideradas por mulheres são mais propensas a ter sucesso; empresas inovadoras com mais mulheres no comando são mais rentáveis; e empresas com mais diversidade de gênero têm mais receita, clientes, participação no mercado e lucros". Ou seja, ao abrir mão do seu preconceito, além de se tornar uma pessoa melhor, você ainda vai ganhar dinheiro com isso. Essa ideia, somada à visão da opinião pública em relação à capacidade de liderar das mulheres, demonstrada na pesquisa da Pew Research Center, pode, porém, ainda não ser suficiente para a transformação de que necessitamos.

A revolução feminina no ambiente de trabalho exigirá mudança nos métodos e na comunicação também. É preciso que se criem estratégias que provoquem a participação das mulheres, gerando condições para que elas se apresentem e tragam sua capacidade de comando. Sandberg propõe que se privilegie ideias em vez de seus criadores, permitindo que, por exemplo, projetos de inovação sejam apresentados anonimamente para que a questão de gênero não influencie as opiniões dos selecionadores. Como isso é possível apenas em algumas etapas, lembra da solução adotada por Mazzara, do *The Shield*, que proibiu interrupções enquanto qualquer pessoa falasse nas reuniões. Resultado: o trabalho de toda a equipe ficou mais eficiente. Devemos privilegiar a fala feminina dentro das empresas e em suas diversas situações de diálogo.

A comunicação é importante nessa quebra de paradigma, com os líderes assumindo um novo discurso dentro das empresas. Para entender como o poder da linguagem é capaz de mudar o comportamento, conheça a experiência do professor Robert Cialdini, da Universidade do Estado do Arizona, um dos maiores especialistas em persuasão do mundo. O desafio dele era convencer os visitantes do Parque Nacional da Floresta Petrificada (Petrified Forest National Park) a não tirar pedaços da madeira das árvores que estão no local. Primeiro, colocou-se um aviso: "Muitas pessoas roubam a madeira petrificada do parque, mudando as condições da floresta". Após algum tempo, percebeu-se que a taxa de roubo ficou em 5%.

Criou-se outro anúncio: "Sua herança está sendo vandalizada; o roubo de madeira petrificada a cada dia resulta na perda de 14 toneladas por ano; a maior parte tirada em pequenos pedaços". Surpresa: a taxa subiu para 8%. Os visitantes extraíram do alerta a mensagem de que todos roubam pedaços de madeira, ou seja, era algo comum de acontecer. O objetivo somente foi alcançado quando a mensagem se tornou clara e objetiva: "Por favor, não remova a madeira deste parque". Os roubos despencaram para 1,67%.

Na escola de Administração da Universidade da Pensilvânia, Adam Grant apresentou dados nas salas de aula e promoveu discussões públicas para resolver o problema da baixa representatividade das mulheres em cargos de liderança, mas bastaram cinco meses para perceber que não houve alteração no percentual de alunas do MBA que se candidataram a uma posição de destaque no *campus*. No ano seguinte, trabalhou com os mesmos dados, mas acrescentou uma mensagem: "Eu não quero nunca mais ver isso acontecer novamente". Houve aumento de 65% no número de estudantes do sexo feminino interessadas em assumir papel de líder. As mensagens impositivas funcionaram mais do que as descritivas.

Sempre que se isola a mensagem de que a maioria das pessoas reconhece a existência do preconceito ou que demonstra que a prática é frequente, sinaliza-se que tal comportamento é normal. Todo mundo faz isso! O mundo é assim! São mensagens ambíguas, que geram conformidade, segundo Cialdini. Para ele, as intervenções persuasivas devem empregar informações e técnicas que marginalizem em vez de normalizarem a conduta indesejável. Os pesquisadores sugerem que se explicite a desaprovação. Os novos líderes têm de assumir esta postura: o preconceito é inaceitável, vamos acabar com essa praga!

Por curiosidade: a Cori, empresa de confecção, encomendou uma pesquisa para saber qual a imagem da calça comprida feminina no contexto do consumo em 1962, época da implantação da indústria da moda no Brasil. O produto não era muito bem-visto pelos conservadores. Mulher que se prestava só usava saia! – diziam. A Marplan, empresa que realizou o estudo, descobriu que as mulheres aprovavam a calça comprida por ser confortável e, acima de tudo, indumentária indispensável para enfrentar seu concorrente no mercado de trabalho: o homem. O tempo fez com que o terninho ganhasse espaço no guarda-roupa feminino, e as mulheres, no comando das empresas e dos países. Atualmente, as que estão nos altos escalões podem até se dar ao luxo de voltar às saias.

Das mulheres, hoje, espera-se a persistência nas diferenças em lugar da cópia de comportamento. Para cometer os mesmos erros que os homens, eles já são insuperáveis. Elas precisam valorizar as qualidades que as caracterizam e se adaptar às situações que precisam ser enfrentadas. As discussões sobre políticas corporativas, por exemplo, são odiadas por boa parte das mulheres, segundo Kathryn Heath, que realizou uma pesquisa para saber do que elas gostam e não gostam nas reuniões de negócio. Na vida, lidamos com vários fatos impertinentes e nem por isso desistimos de seguir em frente. Então, o desconforto diante dos debates em torno das políticas corporativas não pode prejudicar sua carreira.

Para ser a primeira mulher a ocupar a sala de editor-chefe em 172 anos de história da *The Economist*, a mais tradicional revista de economia de língua inglesa, Zanny Minton Beddoes teve de vencer 12 homens que concorriam à vaga. Imagina quanta política ela teve de fazer para chegar lá? Ou você pensa que o histórico dela no FMI e o conhecimento que absorveu em Harvard e Oxford seriam suficientes para vencer a acirrada disputa? Lógico que influenciaram, o conhecimento na área é fundamental, mas sem um bom *lobby* o cargo estaria, novamente, sob a batuta masculina. Ou seja, da mesma forma que dizem não admirar essa prática, as mulheres sabem da necessidade de se sobrepor a essa disputa e podem aplicar algumas estratégias.

FAÇA VOCÊ MESMO

Para as mulheres sobreviverem à política corporativa, segundo Heath:

1. Encontre um agente – assim como jogadores de futebol, ter alguém que "venda seu passe" dentro da empresa, ressalte suas qualidades e defenda seu nome nas discussões internas elimina o constrangimento da autopromoção. O agente também leva vantagens, pois transmite a imagem de alguém altruísta, capaz de trabalhar pelo sucesso de outro.

2. Planeje os cenários – tenha como base o tripé: personalidades, motivações e variáveis. Identifique quem são as pessoas com as quais terá de se reunir, antecipando-se à forma como cada um pode reagir às suas propostas; acrescente as motivações para analisar e comparar o que acredita que cada pessoa espera realizar; e estude as variáveis relevantes que possam influenciar as pessoas enquanto a reunião se desenvolve.

3. Transforme seu mentor em patrocinador – o mentor é uma espécie de conselheiro na carreira, e o patrocinador é quem vai levá-la à frente. Por considerar difícil para as mulheres encontrarem patrocinadores, Heath sugere que se use a proximidade e confiança do mentor para fazê-lo advogar em sua defesa. Porém, não se engane, mentores podem oferecer excelente apoio profissional e emocional; mas, se não estiverem em posição politicamente confortável dentro da empresa, talvez não sirvam para ser um patrocinador da sua carreira.

4. Faça política mais impessoal – mulheres que enxergam a política como um jogo no qual se ganha e se perde são mais resilientes e têm respostas mais inteligentes durante o embate. A discussão não é a favor ou contra uma pessoa, é por ideias e projetos. Para despersonalizar a política, no momento de maior tensão, em que há risco de perda de controle, desvie o olhar de seu oponente, isso ajuda a manter a calma e evita o impulso de partir para o ataque. Contato visual é importante, mas, nesse caso, pode prejudicar você.

Uma negociação bem-sucedida nos leva a atingir nossos objetivos e a fazer com que as pessoas continuem nos admirando. Portanto, entre nesses embates sabendo que existem ao menos duas verdades: aquela relacionada ao seu ponto de vista e a do ponto de vista do seu interlocutor. A verdade absoluta é praticamente inalcançável, e saber disso vai ajudar as mulheres a compreenderem melhor o que está em jogo no momento. No mínimo, fará ouvir seu interlocutor, o que é fundamental para que o diálogo se desenvolva e a comunicação seja eficiente. Outro aspecto a ser levado em consideração é que as mulheres aumentam suas chances em uma negociação se passam a imagem de pessoas agradáveis e demonstram preocupação com o outro. Têm de manter o perfil feminino. Em resumo: têm de ser mulher de verdade!

A comunicação é privilegiada se, além das palavras e estratégias, soubermos usar a postura a nosso favor. Amy Cuddy, psicóloga da Universidade de Harvard, ensinou que o corpo molda quem somos e podemos nos transformar a partir dele, com efeitos fisiológicos comprovados, desde que atentos ao nosso comportamento e assumindo posições que transmitam confiança. Diante de discussões internas, precisamos reforçar os sinais que caracterizam os líderes, tais como entusiasmo e autoridade.

As mulheres já são craques quando o assunto é empatia e simpatia; pesquisas mostram que, apesar de terem a mesma pontuação que os homens no quesito quociente emocional, ganham quando se trata de empatia e simpatia. Então, deve-se investir mais na busca dos fatores que englobam poder e credibilidade. Há gestos que podem ser evitados e movimentos a serem ressaltados, muitos dos quais convenientes para homens e mulheres; alguns, no entanto, que se referem especialmente a elas.

Você já deve ter percebido que as mulheres tendem a inclinar a cabeça para o lado quando estão interessadas em um assunto, movimento que pode ser entendido como de atenção ao interlocutor, mas também como de submissão. Para evitar a mensagem ambígua e buscar autoridade, prefira manter a cabeça em posição neutra. Os tornozelos cruzados ao conversarem de pé é outro gesto comum entre as mulheres que pode transmitir a sensação de timidez, quando na realidade essa posição é consequência do uso de sapatos com salto alto. A postura ereta, os ombros para trás, a cabeça erguida e os pés descruzados ampliam o espaço e geram confiança.

Lembre-se: as pessoas são frequentemente mais influenciadas pela forma como se sentem em relação a você do que pelo que você está dizendo. Por isso, considere ganhar aquela conversa já no aperto de mão: com firmeza, sem ser agressivo e mantendo contato visual. Sorria, pois o sorriso tem um efeito poderoso sobre as pessoas, estimulando seu próprio bem-estar e transmitindo confiança. Através da ressonância magnética funcional, pesquisadores da Universidade de Duke provaram que o cérebro é mais ativo quando se lembra de pessoas que sorriem.

FAÇA VOCÊ MESMO

Dicas para melhorar a linguagem corporal no trabalho:

Seja assertiva

- Ocupe mais e melhor o seu espaço; posicione os pés em paralelo, na distância de seus ombros; movimente as mãos com naturalidade e, se estiver sentada, incline-se um pouco para frente e use os braços da cadeira.
- Pressione os dedos com as palmas da mão voltadas uma para outra na frente do seu dorso em gesto que lembra um campanário: esse é um sinal universal de confiança.

Demonstre harmonia

- Volte os pés e o tronco para a pessoa com quem está falando; quando estamos ansiosos para deixar a conversa costumamos voltar as pontas dos pés para a porta.
- Reproduza com sutileza os gestos do seu interlocutor e tente falar no mesmo ritmo dele, demonstrando concordância.

Conquiste a calma

- Diante de pessoas aparentemente nervosas, evite braços cruzados.
- Deixe os braços soltos ao seu lado.
- Relaxe os ombros (se possível, com pequena massagem antes da reunião).

JOVENS A CAMINHO DA LIDERANÇA

"Sinto muito" foi o que ouviu de um jovem funcionário o CEO de uma das maiores empresas da área de computação no Brasil, logo após dizer que também havia iniciado sua carreira pelo programa de *trainee* e chegado ao topo depois de 21 anos de dedicação. O que para o executivo era motivo de orgulho, para o garoto era um martírio. Jamais passou pela cabeça dele ficar tanto tempo em um mesmo lugar, menos ainda ter de esperar duas décadas para conquistar o direito de ser o presidente da empresa. O futuro para ele é o agora. Amanhã teremos outro futuro. As transformações acontecem em alta velocidade e a carreira dele tem de acompanhá-las. Como se estivesse em um *video game*, precisa encontrar logo o código que o levará para a próxima etapa, sem a necessidade de enfrentar os monstros que foram colocados no caminho. Se perder? Tudo bem! Começa de novo, porque nossos personagens são imortais, as vidas são intermináveis. O objetivo não é caminhar, é conquistar. E descartar o jogo. E começar de novo. Em um outro emprego, em uma nova empresa. Na sua própria empresa. Nas muitas empresas que sonha desconstruir.

As empresas também são jovens. Todo dia alguém inventa uma coisa nova, abre seu negócio e entra no mercado, quebrando paradigmas, reescrevendo o modo de fazer as coisas. A maioria de nós nasceu precisando esticar o braço para chamar um táxi, achou uma maravilha quando surgiu a possibilidade de ligar para o ponto mais próximo e acreditou que preencher um boleto era a coisa mais prática que tínhamos em mãos para fazer o pagamento. Hoje, tudo isso está na ponta dos dedos, na tela do celular, através de aplicativos que estão acabando com as cooperativas de táxis. E, quando acreditamos que o futuro era esse, nova ruptura ocorre com o aparecimento de quem apresenta ao mercado a possibilidade de usar o transporte que está fora do sistema oficial. Com os processos disruptivos, sobrou até para as corporações centenárias, essas senhoras que tinham na tradição sua marca maior e seu valor. Têm sido obrigadas a se reinventar, encontrar outros mercados e reescrever seus estatutos em nome da sobrevivência.

Novas empresas têm novos líderes, e novos líderes exigem novos comportamentos. A Ooyala, especializada em desenvolvimento de produtos e serviços de tecnologia de vídeo *on-line*, criada no Vale do Silício em 2007, não quer funcionários que planejem ficar na empresa por longos anos. Nas entrevistas de seleção, Bismarck Lepe, um dos irmãos que fundaram a Ooyala, pergunta aos candidatos onde eles gostariam de estar em cinco anos. Quem se atrever à clássica resposta "aqui e crescendo ao seu lado" pode procurar vaga em outra freguesia. Vestir a camisa saiu de moda. Fidelidade não é mais a regra. O amor pela empresa tem de ser eterno enquanto dure. A ideia é que seus funcionários sonhem além do horizonte, pensem em tocar outros negócios, talvez seus próprios negócios. Estão interessados em quem está disposto a empreender em sua carreira, algo que vai muito além de abrir uma empresa.

Agora, não se espante. Jovens sempre foram inquietos e questionadores. As novas gerações apenas potencializaram a inquietude e os questionamentos. A longevidade da vida corporativa, com todos nós vivendo cada vez mais e tendo de nos manter nos empregos por mais tempo, tornou essa disputa de gerações mais acirrada e as diferenças muito mais evidentes. Levando em consideração as classificações geracionais, podemos dizer que, hoje, no ambiente de trabalho, dividem o mesmo espaço com certeza três e, em alguns casos, até quatro gerações: os senhores idealistas e sonhadores que nasceram nos anos de 1920 e 1930; a turma do *baby boomer* dos anos de 1940 e 1950, com seu ideal de construir um novo mundo; os céticos e tolerantes da geração X, nascidos em 1960 e 1970; e a mal interpretada geração Y ou Millennium, nascida nos anos de 1980 e 1990. A turminha da geração Z (2000/2010), se ainda não está no escritório, com certeza já vem causando seus impactos no contexto familiar.

Essa mistura de gerações leva para dentro da sua empresa uma série de desafios e medos. Ao descobrir que terão de sustentar suas famílias por muito mais tempo (e diante de um sistema de previdência pública ineficiente), o risco dos veteranos perderem o emprego para esses meninos que poderiam ser seus filhos, quem sabe netos, se torna ainda mais dramático. Há um encolhimento natural do mercado de trabalho, assim como também surgem funções das quais jamais ouviram falar e para as quais, certamente, seu perfil não se encaixará. Recomeçar a essa altura da carreira é inimaginável, apesar de não ser impossível.

Por outro lado, temos jovens que acabaram de pegar seus diplomas e têm de enfrentar seleções mais concorridas que o mais disputado dos vestibulares. Afinal, lembre-se do encolhimento natural do mercado de trabalho. Ele atinge a todos. É uma garotada que estudou muito mais, pesquisou mais ainda e talvez tenha, em seu perfil no LinkedIn, uma quantidade impressionante de certificados e cursos realizados ao longo de sua breve vida. Um conhecimento nunca colocado à prova que, por todas as circunstâncias, pode não ser suficiente e a fará migrar da geração Y para a malfadada geração Nem-Nem – daqueles que nem estudam, nem trabalham. Com um pouco mais de sorte e outros fatores que fazem a diferença, esses jovens conquistam o direito a um crachá e têm de se deparar com bichos-papões engravatados, gente que, assim como o diabo, e nos permita o uso respeitoso do ditado popular, sabe mais por velho do que por diabo.

O que fazer com tanta gente e dramas diferentes convivendo no mesmo espaço? Aproveitar o máximo de cada um. Transformar esse caldo de cultura, conhecimento e desejos em planos e ideias inovadores. Trazer para dentro da empresa o que cada geração tem de melhor: da experiência dos mais vividos às dúvidas de quem chega; do olhar superior dos mais velhos à vista desconfiada dos jovens; tudo pode ajudar na construção de novos projetos para a empresa. Caberá a você liderar esse coquetel geracional, adaptando-se a cada público, criando ambientes de confiança e diálogo e demonstrando que todos podem ganhar e manter suas expectativas (e empregos). Fundamentalmente, será preciso garantir a genuinidade que cada tempo nos oferece. Valorizando a diversidade.

Os mais jovens estão construindo suas carreiras diante de suas próprias contradições, por isso aqueles que os lideram têm de entender essas disparidades. É claro que o legado socioambiental e cultural que nos marca vai forjar personalidades próprias, assim é bem possível que encontremos características diferentes entre pessoas da mesma idade. Alguns aspectos, porém, tendem a se ressaltar quando tratamos das novas gerações. É o caso da impaciência – a mesma que fez o garoto lamentar o tempo que o executivo levou para chegar ao topo da empresa. Por serem assim, por não terem tempo a esperar, mudam muito rapidamente de emprego o que os faz serem eternos novatos, os impede de amadurecer e planejar a médio e longo prazos. Por outro lado, pode-se contar com eles se estiver precisando de soluções urgentes. Estão sempre dispostos a dar respostas aqui e agora. Impaciência e inquietude andam de mãos dadas e, se você souber equilibrá-las, os resultados podem ser positivos; mas não se entusiasme muito, pois logo eles não estarão mais na sua equipe. É um direito deles, quase uma necessidade de experimentar novas coisas.

Já falamos que as empresas têm tornado a hierarquia cada vez mais horizontal, um fenômeno que impacta as novas gerações e foi impactado por elas. Em casa, a maioria foi educada com liberdade; em alguns casos, bastante liberdade. Sem o direito de ouvir "não!". Isso gera um comportamento que para muitos parece desrespeitoso. E é, especialmente em relação aos superiores que pouco representam para eles. Como não se importam com cargos, crachás e chefias, não atendem às ordens de forma submissa.

Precisam ser convencidos da utilidade do que está sendo pedido. Preferem os fóruns de compartilhamento de ideias às sessões com voz de comando. Isso não significa que não acreditam nos líderes, apenas que preferem vê-los posicionados ao seu lado, e não acima. E irão admirar aqueles que demonstrarem que estão engajados no crescimento e desenvolvimento deles na carreira, porque querem ajuda para encontrar um significado pessoal de seu trabalho e, claro, querem crescer rapidamente. Por isso, não se acanhe em oferecer com frequência *feedbacks* sobre o desempenho deles, já que estão muito mais abertos a ouvi-lo do que os veteranos. Agora, esteja pronto: eles vão questionar e estão loucos para se transformarem em líderes, talvez ocupando o seu lugar – o que não é ruim, apesar de ameaçador. Um dos papéis do líder também é criar líderes.

A necessidade de conversas constantes com os mais jovens na sua empresa se torna ainda mais evidente diante do fato de que muitos os enxergam como pessoas sem sentimento, na medida em que são partidários da política do desapego. Trocam de emprego como trocam de camisa e dispensam seus gestores como se fossem meias sujas. Eles, com certeza, têm sentimentos; a dificuldade das novas gerações é falar sobre esses sentimentos, e eis aí um baita desafio para quem os lidera. Será preciso chamá-los e provocá-los a tratar do tema, entender o que os está incomodando. O líder tem de atuar como *coach*, interpretando-os a partir da realidade na qual eles cresceram e viveram, e não mais com base nos seus parâmetros. A conversa pode ser na sala, no corredor ou no bar do andar de baixo; mas também deve ocorrer na troca de mensagens eletrônicas, pelo FaceTime ou Skype se estiverem distantes. Monitorá-los remotamente será preciso.

A maioria dessa garotada cresceu duvidando de alguns valores, pois assistiu à mudança no perfil das famílias, ouviu os pais reclamando de políticos e empregos, viu a ruína de instituições centenárias e teve acesso a uma quantidade de informação que nenhuma outra geração foi capaz de ter em tão pouco tempo, o que permitiu que mitos fossem destruídos com muita facilidade. Nesse cenário, tinham mesmo de se transformar em céticos, outra característica que os marca. Hunter escreve que eles têm faro para a falsidade e, se você não passar no "teste do cheiro", será descartado. Sua palavra terá pouco sentido se não estiver acompanhada por atos. Não adianta nada espalhar no escritório que você é um chefe democrático, sempre pronto para ouvir críticas e atento às sugestões, se eles perceberem que todas as vezes que abrem a boca, sua voz fala mais alto. Eles adoram encontrar boas referências e se deparar com atuações exemplares. Querem ver para crer. Então mostre!

Uma característica que parece ser contraditória se levarmos em consideração que estamos falando sobre jovens é a autoconfiança que os identifica. Talvez pelo próprio volume de informação que dominam e a certeza de que se adaptam com facilidade às diferentes situações, eles atuam com muito mais segurança – nem que seja só na aparência –, o que os leva a aceitar desafios facilmente. Acreditam que são capazes e muito vezes provam isso. Às vezes, transformam essa confiança em prepotência e se dão muito mal. Pouco importa, pois é só zerar o jogo e começar tudo de novo. Não foi um tropeço, foi um aprendizado! Contornar essas situações tem a ver com outra marca da personalidade deles: são adaptáveis. Como não têm muita aderência a pessoas, se houver mudança na empresa isso dificilmente impedirá que levem em frente seus objetivos. Vão buscar novas referências e, se necessário, mudarão métodos e processos com rapidez. Também, se não gostarem do que viram, pegam o chapéu (ok, pegam o boné) e vão procurar emprego em outra freguesia.

FAÇA VOCÊ MESMO

Entenda a cabeça do Millennium

- São impacientes e sempre prontos para mudar.
- Parecem desrespeitosos só porque dizem o que pensam.
- Não estão nem aí para o seu crachá e a sua idade.
- São impulsionados pela força das imagens.
- Acreditam nas realizações.
- São autoconfiantes, adaptáveis e inovadores.
- São eficientes em várias tarefas, flexíveis e tolerantes.
- Sabem tudo sobre tecnologia.
- Acreditam saber sobre todas as outras coisas tanto quanto sobre tecnologia.
- Precisam de líderes que jogam limpo, que sejam autênticos.
- Você pode contar com eles, mas eles querem contar muito com você!

Em série de entrevistas realizada para o programa CBN Young Professional, na rádio CBN, jovens talentos são provocados a falar sobre suas carreiras e identificar erros que cometeram. Dos 50 primeiros que deram seus depoimentos, a maioria está à frente de empresas e negócios que foram criados por eles próprios, alguns em ramos tradicionais e outros em serviços completamente novos. Falam das dificuldades que tiveram sem lamentá-las e as utilizam para em seguida revelar a forma como as superaram. Muitas das barreiras que encontraram não fogem das que qualquer empreendedor ou profissional brasileiros enfrentam, tais como burocracia, complexidade do sistema tributário e falta de infraestrutura. Há situações muito típicas, como o lançamento de ideias inovadoras sem o acompanhamento de um plano de negócios. Há casos em que transformam amigo em sócio, quando o único mérito do sócio é ser seu amigo. Confessam a imaturidade sem vergonha, pois o importante é que aprenderam.

Uma diretora de empresa na área de comércio digital contou que sua primeira função de liderança surgiu aos 22 anos, quando havia saído recentemente do programa de *trainee*. Com talento reconhecido pelos gestores da empresa de comunicação, ela passou a comandar uma equipe com cinco profissionais. Ao saber que seria líder, entendeu que precisaria mudar sua postura. Afinal, a partir daquele momento assumiria responsabilidade bem maior. Mudou a forma de se vestir, de falar e de se comportar. Descaracterizou-se. E perdeu a principal razão pela qual havia sido escolhida para a função: sua genuinidade. Tão rápido quanto errou, corrigiu.

Apesar de os profissionais assumirem cada vez mais cedo postos de liderança, as empresas ainda não preparam as pessoas para as responsabilidades inerentes ao posto. A maioria é promovida a líder sem nenhum treinamento formal: foi o que aconteceu com 85,5% de 4.392 gestores que haviam assumido o cargo pela primeira vez ouvidos em pesquisa das consultorias LAB SSJ e Clave, com apoio da ETalent, em 2013. Acabam tendo que aprender a ser líderes quando já estão liderando. Muitas vezes, através do método da tentativa e erro, com desperdício de talento e impacto na performance deles e da equipe. Ao identificar quais os maiores desafios que os jovens enfrentam como gestores, a pesquisa encontrou no topo da lista três deles que estão relacionados à gestão de pessoas: saber lidar com conflitos, estimular colaboração na sua equipe e desenvolver pessoas. O que surpreendeu e preocupou foi que de 12 desafios elencados, um dos considerados menos relevantes foi ter autoconhecimento, que é essencial para exercer o cargo. Sem se conhecer apropriadamente, você não terá noção dos seus limites, não identificará necessidades de mudança e adaptação e poderá se fragilizar diante da grande tarefa que assume ao pendurar no pescoço o crachá de líder: se relacionar, entender e resolver problemas de pessoas.

Para desenvolver o autoconhecimento é preciso usar as ferramentas do *feedback*. Comece por provocar seu gestor cobrando dele posições sobre o seu desempenho e crie uma agenda própria definindo prazos para esses encontros. Aprenda com seu time, ciente de que ouvi-lo não o tornará vulnerável. A troca de informações será importante e tem de estar baseada na confiança, a qual você é responsável por construir com a equipe. Não se acanhe: sugira à empresa sua presença em programas de liderança. E, desde já, comece a identificar quem dentro do seu time teria capacidade de ser um gestor no futuro. Agora que você já sabe as dificuldades que encontrou pela falta de preparo para assumir a função de líder, não deixe que os outros passem pela mesma situação. Como já frisamos: é o que se espera de um líder!

A variação de personalidade é comum quando se é jovem. Nas universidades, boa parte dos alunos insiste em reproduzir os padrões corporativos quando simulam situações do mercado em que atuam. Estudantes de jornalismo, por exemplo, adoram gravar vídeos de terno e gravata como se o hábito fizesse o monge. Há estudos que provam que faz, como o assinado pelos pesquisadores da Northwestern University, em Illinois, publicado no *The Journal of Experimental Social Psychology*, em que foram feitas experiências com jalecos brancos idênticos aos de médicos e pintores. As pessoas que vestiram as peças mudaram o comportamento. Adam Galinsky, que liderou a pesquisa, explica que pensamos não apenas com nossos cérebros, mas com nossos corpos, e nossos processos de pensamento estão baseados em experiências físicas que provocam conceitos associados abstratos e, parece, que essas experiências incluem as roupas que vestimos. O fato aqui, porém, não é se a roupa influencia nosso comportamento ou não. O que interessa é que não se quer monges, se quer jovens com sua juventude, impaciência, ceticismo, desrespeito, autoconfiança e espírito inovador. Com suas roupas, também.

Ser genuíno é uma necessidade, o que não significa que não sejam feitas adaptações ou, melhor ainda, feitos aperfeiçoamentos. E, como dissemos, os jovens se adaptam facilmente. No que se refere à comunicação, o foco deste livro, queremos chamar a atenção para a qualidade vocal que expressa a juventude que existe em cada um. As vozes mais jovens são percebidas como mais quentes, mais honestas e menos dominantes. A maior queixa que se ouve é quanto à velocidade, que tem a ver com o ritmo interno das pessoas. Por terem pensamento ágil, a fala dos mais novos tende a ser mais veloz. Essa característica causa reclamações, pois dificulta o entendimento de parte da mensagem que querem transmitir. Algumas palavras se tornam incompreensíveis. Se desacelerarem, correm o risco de descaracterizar seu discurso e transmitir uma imagem distorcida. O problema não é falar muito rápido. O problema é articular mal. Se conseguir falar com rapidez e articular bem as palavras, o jovem manterá sua personalidade vocal. É na articulação que se tem de fazer o ajuste. Vale, também, enfatizar as palavras mais importantes, destacando-as na frase. A ênfase quebra qualquer risco de a emissão parecer rápida demais, já que contraria a expectativa pela quebra no discurso.

A oralidade traça sua personalidade, mas você precisa ter muito cuidado com a linguagem escrita, que pode estraçalhar sua reputação. Nunca escrevemos tanto como agora, porém a forma que usamos é muito diferente daquela que o mundo corporativo está acostumado. Nossas mensagens são instantâneas, enviadas em 140 toques, recheadas de abreviaturas e gírias adaptadas à comunicação digital. Os avós escreviam *para* onde seus filhos preferiam o *pra*, que se transformou em *p/*; assim como o *senhor* virou *você* e o *você* se resumiu a duas letras: *vc*. Há uma informalidade exagerada e, muito pior, um desconhecimento capital da ortografia. Erros gramaticais têm de ser eliminados, pois são reveladores. E revelam o lado obscuro do nosso (des)conhecimento. Leitura constante nos ajuda a recuperar o aprendizado que deixamos de ter na escola, nos faz enxergar melhor como se escrevem algumas expressões e enriquece o nosso vocabulário. Portanto, leia muito. Sempre que você for enviar uma mensagem para um colega de trabalho ou um parceiro de negócio, tenha cuidado redobrado. Leia em voz alta o texto, preste atenção se a frase não tem sentido diferente do que você gostaria, passe o corretor ortográfico e, na dúvida, troque a palavra.

Tudo bem, os jovens têm que evitar a informalidade das redes sociais, mas não podem ser contaminados pelos excessos da burocracia da linguagem corporativa. Precisam aproveitar que o vírus ainda não se alastrou no seu vocabulário. Algumas expressões que os velhos executivos adoram usar podem ser substituídas por palavras mais simples e esclarecedoras. O importante é que, ao elaborar as mensagens, sempre apresentem argumentos sólidos para sustentar sua ideia.

FAÇA VOCÊ MESMO

Comunique-se como gente grande sem desperdiçar sua juventude:

- Antes de falar, alongue a musculatura do pescoço e dos ombros.
- Respire de modo profundo, solte o ar contraindo o abdômen.
- Mantenha a velocidade da fala, é sinal de dinamismo.
- Articule melhor as palavras, é sinal de segurança.
- Enfatize as palavras mais importantes.
- Substitua as gírias e expressões simplificadas.
- Não se contamine com as gírias corporativas.
- Enriqueça seu vocabulário.
- Seja simples, direto e objetivo.

Comunicação é competência

O significado das palavras tem muito a nos ensinar. Veja o caso do nosso tema principal, *comunicação*; é uma derivação do termo latino *communicare*, que significa partilhar, participar de algo ou tornar comum uma única ação, uma ideia, um pensamento. A própria palavra já nos esclarece que comunicação é uma via de mão dupla, não um ato isolado que depende apenas de nós – aliás, já falamos isso para você. É preciso a existência de um interlocutor, alguém com quem vamos dividir nosso conhecimento ou nossas dúvidas. Mais do que isso: alguém interessado ou que possamos tornar interessado na informação que pretendemos transmitir.

Para a comunicação acontecer, é preciso, no mínimo, duas figuras: o emissor e o receptor. Ninguém fala sozinho (até fala, mas aí o problema é outro). O nosso problema é que poucas vezes levamos em conta essa característica tão óbvia. Entre quem fala e quem escuta, há a interferência das motivações, das expectativas, das histórias de vida de cada um. Nossas experiências moldam a interpretação daquilo que ouvimos. Já reparou quantas vezes você diz uma coisa e a pessoa entende outra? Mal-entendidos acontecem com pessoas da nossa família, com colegas de trabalho, com amigos e mais ainda com inimigos. Lembra da brincadeira do telefone sem fio? Uma pessoa diz uma frase no ouvido do vizinho, que repete para outra, que repete para outra... Quando a última pessoa fala a frase em voz alta, todos riem, porque sempre é algo diferente da inicial. É isso mesmo: nós modificamos aquilo que ouvimos de acordo com nossas referências. Imaginou o perigo?

Cabe a nós, falantes responsáveis que somos, ou deveríamos ser, assumir a autonomia para reduzir os riscos dessa relação delicada. Para isso, é interessante que tenhamos mais conhecimento de como o processo ocorre para fazermos escolhas melhores. Há uma série de fatores que interferem: vão desde o nosso vocabulário e a forma do nosso discurso, passam pelos gestos que usamos e roupas que vestimos e chegam, claro, ao preconceito – a imagem que as pessoas têm de nós antes de nos conhecer – e à reputação – a imagem que construímos diante das pessoas. Se não levarmos em consideração todos esses elementos, e tantos outros sobre os quais iremos conversar mais adiante, podemos gerar ruídos que prejudicam o entendimento da mensagem e impactam nas relações pessoais e profissionais, afetando os resultados de sua equipe de trabalho, atrasando processos, causando perdas financeiras para as organizações e atingindo diretamente nossa qualidade de vida, que, afinal, é o que mais nos interessa.

Diante disso, não nos resta alternativa: para preservar o ambiente em que vivemos e a qualidade de vida, é preciso nos esforçarmos para diminuir o volume desses ruídos nos processos de comunicação e darmos especial atenção ao nosso contato com o outro e com nós mesmos (lembre-se da lição de Tonny Robbins, no primeiro capítulo deste livro!).

SER ASSERTIVO, COM CERTEZA

Começando pelo contato com o outro: temos de ser assertivos – o que pode ser definido como a habilidade de expressar corretamente opiniões, sentimentos e atitudes de tal modo que as pessoas sejam levadas a reagir de maneira positiva. Nossa mensagem deve gerar atenção e compreensão plenas. Precisamos nos dispor a cuidar de nossa comunicação, procurando o melhor modo de atingir cada um de nossos interlocutores. Muito cuidado com o verbo "atingir" da frase anterior, pois em uma relação interpessoal é melhor usá-lo no sentido de alcançarmos o outro, sob o risco de provocarmos um tremendo estrago.

A psicóloga Vivian Barnette ensina que assertividade é o meio do caminho entre agressividade e passividade, o que nos leva a concluir que exercitá-la vai nos exigir sensibilidade. Quando nos tornamos agressivos, o outro reage de modo também agressivo, se for mais forte do que nós; se for mais fraco, fica na defensiva. Se formos passivos, deixamos de ter autonomia e não conseguimos obter aquilo que queremos. Nenhuma dessas reações é favorável. Barnette também nos ajuda a compreender a importância desse processo na nossa qualidade de vida, pois em seus trabalhos mostra que a falta de assertividade leva à depressão, ao ressentimento, à frustração e à ansiedade, podendo ainda provocar sintomas físicos, como dores de cabeça, úlcera, pressão alta e outros transtornos. A cura para essas doenças está em nós mesmos, na mudança de comportamento diante de nossos parceiros, colegas, líderes e liderados.

Dominar as habilidades de relacionamento interpessoal é o caminho para o sucesso profissional. A assertividade está no centro das cinco habilidades que Carnegie, especialista em comunicação já citado, considerava essenciais: desenvolvimento de afinidade, curiosidade, comunicação, ambição e habilidade de resolver conflitos. Para ele, a mensagem assertiva divide-se em três partes: o resumo dos fatos da situação, a expressão de seus sentimentos e pensamentos e a apresentação clara de seus desejos e necessidades, incluindo os benefícios para aquele com quem estamos dialogando.

Imagine que você tem que dar uma notícia ruim para a sua equipe: o corte do pagamento de horas extras. Considere abrir a reunião enumerando os fatos que levaram a essa decisão; fale sobre seu posicionamento em relação à situação, sobre como se sente; e no fim, apresente as atitudes que você espera deles. Pode não ser muito fácil lidar com a frustração do grupo, mas, com certeza, ao falar desse modo transparente e assertivo, você atrairá muito mais boa vontade e compreensão da sua equipe. Sugere-se que, em reuniões de trabalho que tenham como foco um desacordo, se comece com um destaque positivo e assumindo abordagem indireta – a fim de evitar o confronto inicial –, sendo importante que se fale primeiro dos próprios erros e se dê ênfase ao fato, e não à pessoa. Mais uma dica: em lugar de dar ordens, pergunte.

O enfrentamento dessa situação também é abordado por Anett Grant, *coach* de comunicação para executivos que criou o sistema ABC para responder a questões difíceis. E, tenha certeza, você vai se deparar com muitas delas. ABC é a sigla em inglês dos três passos que formam essa abordagem: *align, bridge* e *categorize*. Em português: alinhar, ponte e classificar. Grant defende que essa estratégia ajuda a gerenciar a pausa, o pânico e os pensamentos desordenados que você experimenta diante de perguntas complicadas. É uma forma de organizar seu pensamento sem gerar confronto com o interlocutor, mas deixando muito clara sua ideia a propósito do tema. No alinhamento, você reconhece a preocupação do interlocutor, demonstra interesse e ganha tempo para pensar na resposta. Na ponte, faz a transição entre o argumento dele e o que você deseja fazer, sem que pareça uma contradição e sinalizando que você caminha para uma perspectiva alternativa. Na classificação, você segmenta seu pensamento por pontos, apresentando cada argumento separadamente, o que deixa sua ideia mais forte, clara e distinta.

FAÇA VOCÊ MESMO

Use o sistema ABC de Grant

Alinhar:

- Ouça atentamente o que pensa o interlocutor.
- Reconheça o que ele disse e explique por que você sente que a perspectiva dele tem mérito.
- Comece com expressões como "eu entendo...", "compreendo..." e "está claro para mim que...".
- Repita, resumidamente, a preocupação dele para mostrar que você está atento.

Ponte:

- É a hora da virada, sem desconsiderar o interlocutor.
- Mantenha a discussão positiva e caminhe para as alternativas.
- Use algo como "no entanto...", "uma outra maneira de olhar..." e "podemos, também, pensar...".

Classificar:

- Antes de dar a resposta, estabeleça seus pontos mentais.
- Use ligações orais para pontuar cada ideia. Exemplo: "Um dos objetivos...", "um segundo ponto..." e "finalmente, ...".
- Se aglutinar as ideias como um todo, elas podem assumir significados que você não pretende.

Esses ensinamentos são validados por Barnette, que propõe que se demonstre entendimento em relação ao sentimento da pessoa com a qual você está interagindo, sem deixar de apresentar seu ponto de vista e dizer o que você gostaria que acontecesse em determinadas situações. A neurolinguística chama esse comportamento de ressignificação: ouvir o que o outro diz e traduzir com suas palavras, para certificar-se de que entendeu corretamente. Esse comportamento transmite a impressão de cuidado e atenção com o outro, o que já aumenta muito o estoque de boa vontade. Ela sugere que sejamos claros e diretos nas solicitações; que tenhamos foco no problema a ser enfrentado, sem culpar o outro, sem julgamento, sem juízo de valor. Aprendemos, assim, que devemos usar sempre o diálogo para aproximar as pessoas, mesmo que o conteúdo da discussão seja conflituoso.

Ao buscar a assertividade na relação com outras pessoas, é importante também que tenhamos o cuidado de nos certificar de que fomos efetivamente entendidos. Para tanto, devemos estar atentos às mensagens emitidas inconscientemente pelos nossos ouvintes, identificando sinais verbais, vocais e não verbais de compreensão. Sinais verbais têm a ver com a escolha das palavras e expressões que vão compor o nosso discurso, com a maneira como elaboramos as frases. Sinais vocais têm a ver com a forma como nós falamos, incluindo o tom da voz, o modo como articulamos os sons, a velocidade, o uso das pausas... Já os sinais não verbais são o resultado da nossa imagem visual e do modo como nosso corpo se comporta, considerando postura, gestos e expressão facial.

Para entender qual o impacto dos sinais verbais, não verbais e vocais no processo de comunicação, Albert Mehabian conduziu pesquisas na UCLA, em 1967, e apresentou resultados que até hoje são referências nos estudos sobre comunicação. Veja que surpreendente: as palavras (verbal) correspondem só a 7% do impacto final, os recursos vocais, a 38%, e os não verbais, a 55%. Isso acontece porque a comunicação não verbal é a nossa forma mais primitiva; bebês choram de modo diferente quando fazem manha ou sentem dor, e pais atentos são capazes de perceber. As palavras chegam por último, são fruto de aprendizado formal; portanto, podem ser mais controladas... E têm menos credibilidade! Atenção: em nenhum momento do estudo, Mehabian desmereceu a importância da palavra nesse processo; por isso, não abra mão de enriquecer e apropriar seu vocabulário às situações de comunicação.

O ideal é que os três recursos de comunicação sejam coerentes entre si: palavra, corpo e voz. Quando isso não ocorre, sentimos informar: os não verbais preponderam e nos entregam! Isso porque, como se manifestam de modo mais intuitivo, temos menos possibilidades de interferência, o que dá a eles maior carga de credibilidade. Você já passou pela situação de agradecer por um presente que não gostou? Por mais que seja educado e tente selecionar palavras simpáticas, o modo como você fala e as expressões do seu corpo o denunciam.

Preste atenção: gente jogada na cadeira demonstra que está entediada. Olhar constante no relógio é porque a turma está a fim de ir embora. Mas se todos estão voltados para você e em posição de atenção, anotam com frequência o que você fala, parabéns! Você tem uma audiência receptiva. A partir desses sinais, percebemos a clareza da transmissão das nossas mensagens ou se está na hora de mudar de estratégia, reestruturar nosso discurso e, se for o caso, alertar nosso interlocutor para o fato de ele não estar atento às informações que consideramos fundamentais para a solução dos problemas. Comunicação não é o que eu digo, mas o que você entende. Se você não entende, a comunicação não aconteceu. Desperdiçamos nosso tempo.

Se é com os olhos atentos que se percebem as reações não verbais, é com os ouvidos abertos que saberemos captar as verbais e vocais. A maioria das pessoas passa 70% do tempo em que está acordada interagindo com outros seres humanos de alguma maneira; apenas 45% desse tempo é dedicado a ouvir. Muitos autores defendem a importância de uma boa escuta. É por meio dela que identificamos o que o outro necessita e, assim, conseguimos atendê-lo de modo mais eficiente. Mas é preciso muito mais do que escutar; há que se entender a mensagem do outro, assim como seu contexto e sentimento. Ouvir é uma arte, uma habilidade e uma disciplina que exige autocontrole. Ouvir assertivamente é algo que precisamos praticar com consciência e intenção, porque nossa concentração costuma ser curta e tendemos a ser seletivos, ouvindo apenas aquilo que nos interessa. Ainda mais em tempos de hiperestímulos, de inúmeras fontes... Além disso, insistimos em ler a mente do nosso interlocutor, já que temos a ilusão de que vamos adivinhar o que ele quer, tanto quanto cremos que ele é capaz de ler os nossos pensamentos.

Sem saber ouvir, a possibilidade de interpretarmos as pessoas de forma errada é enorme; assim como, se não soubermos falar, elas terão dificuldade de entender nossos desejos. Já dissemos isso, mas vamos repetir: seja assertivo ao falar e ao ouvir. O psiquiatra Flávio Gikovate diz que ouvir de verdade significa tentar se abrir para a verdade do outro, incorporar a ideia, sem crítica. Algumas pessoas se fecham em suas convicções e, enquanto ouvem, já vão buscando argumentos para desqualificar o seu interlocutor. Elas rejeitam as ideias antecipadamente, contra-argumentam sem refletir, como se fosse um jogo! Nesse caso, o diálogo vira um duelo, e todos perdem. O ideal é tentar se abrir para o argumento do outro, buscando acolher aquela ideia, e não a desqualificar previamente. A essa situação ideal, Gikovate dá o nome de "ter um cérebro poroso", ou seja, aceitar ativamente o que nos chega, para, então avaliarmos e escolhermos o que vamos reter ou não. Quem não tem "cérebro poroso" emburrece, já que não se permite a abertura para outras verdades.

Grande parte dos mal-entendidos surge a partir da forma como vemos os outros. O psicólogo Luís Ernesto Meireles faz referência a um esquema que explica muitas das dificuldades que vivemos: aqueles que pensam ou agem de modo semelhante ao nosso são considerados por nós "normais"; aqueles que pensam ou agem de modo diferente do nosso são tachados de "estranhos"; finalmente, os que pensam e agem de modo diferente de nós... Ah! A esses damos o nome de "insuportáveis"! Na prática, então, para julgarmos o outro, partimos sempre da nossa verdade, que traduz apenas um ponto de vista, o nosso – já falamos disso, não falamos? Lógico que isso gera incompreensão, até pelo afastamento que impõe. Exercitar o conceito de que o outro apenas pensa diferente e isso para ele é o certo, faz com que vejamos as diferenças de modo mais brando e possamos mudar o nosso comportamento para entender e nos aproximar dele. Aprendemos, assim, a ser mais tolerantes. Vê como a comunicação pode nos tornar pessoas melhores?

SABER QUEM EU SOU

Para que as mudanças ocorram na nossa relação com parceiros, colegas, líderes e liderados, temos de reconhecer que somos seres completamente únicos, originais e diversificados. Nós e as pessoas com as quais temos de interagir. Assim, trabalhar nossa flexibilidade quanto a diferentes possibilidades de comunicação é fundamental. A ideia é que cada uma delas exige e merece um determinado padrão de interação. Portanto, autoconhecimento é ponto de partida, até porque – já conversamos no início do livro – a qualidade de nossas vidas também está relacionada ao modo como nos comunicamos com nós mesmos.

Se assertividade foi a palavra-chave quando falamos em comunicação, agora anote aí: o tema da vez é autoconhecimento! Saber as nossas preferências, a maneira mais confortável de agirmos, as nossas crenças e valores é essencial para nos situarmos no mundo e para expormos de maneira clara nossas ideias. É impossível ser convincente se nem mesmo nós sabemos o que queremos e aonde pretendemos chegar. A clareza da nossa comunicação depende da clareza dos nossos pensamentos, da compreensão nítida daquilo que queremos transmitir. Envolve consciência dos nossos sentimentos e emoções, e definição da nossa mensagem e seu impacto.

Diante de questões lógicas, a tomada de decisão é mais bem definida, pois há regras que nos mostram o certo e o errado. Existem, porém, os momentos em que o lado emocional é exigido, sobre os quais não temos controle: é quando o conhecimento apurado sobre a forma como costumamos reagir permite que tenhamos equilíbrio. A tendência é que profissionais que desenvolvem o autoconhecimento compreendam melhor como atuar em cenários em que os graus de incerteza e adversidade são maiores. É nessas situações mais complexas e subjetivas que temos de ter consciência de quem somos, do que buscamos e de nossos valores.

O ideal é começarmos respondendo a perguntas simples, até mesmo óbvias, como: Quem nós somos ou quem nós não somos? Do que mais gostamos em nós mesmos ou do que não gostamos? Quais são os nossos talentos ou quais são as nossas carências? Curiosamente, a segunda parte das perguntas será bem mais fácil de responder, especialmente se essa for uma conversa com nossa consciência, não for pública, pois temos uma tendência a esquecer nossos méritos e chamar a atenção para os defeitos. É como se olhar no espelho e só enxergar a assimetria natural de nosso rosto em lugar de apreciá-lo como um todo. Conversar com pessoas próximas pode facilitar essa tarefa. Definido nosso perfil, é preciso identificar se estamos sabendo capitalizar os atributos e como usá-los a nosso favor, assim como planejar nossas ações sempre que alguma situação possa oferecer risco de expor as nossas fraquezas. Como ensina Carmine Gallo, *coach* em comunicação, liberte seu mestre interior, seja você mesmo: autêntico, aberto e transparente, o que o fará conquistar a confiança.

O profissional com autoconhecimento leva em consideração, mas não se pauta apenas pelo que os outros dizem pois sabe o que busca e tem confiança elevada, valorizando suas capacidades e as de sua equipe. Não se assusta quando a situação não segue o rumo que imaginava, já que está consciente de seu potencial e do esforço empregado para alcançar o sucesso. Entende que fracassos podem ocorrer, pois fazem parte da construção de uma carreira, aprende com eles, corrige rotas e não desiste, já que está pronto para transformar problemas em desafios. Se você age com otimismo realista diante das dificuldades e mantém seu entusiasmo e seu equilíbrio é porque soube fazer bem a lição de casa e entender quem você é e o que pretende ser.

FAÇA VOCÊ MESMO

Desenvolva as seguintes habilidades:

- Reflita muito e defina previamente suas mensagens: nem sempre é claro para nós aquilo que queremos passar.
- Adapte os recursos verbais ao público-alvo: trata-se da seleção das palavras e da forma de encadeá-las.
- Observe, desenvolva consciência e controle da sua comunicação não verbal, especialmente corporal: postura, gestos e expressão facial devem estar de acordo com o conteúdo das mensagens para que haja coerência e ideia de veracidade. Pergunte aos amigos como você é visto!
- Escute ativamente o outro, com interesse, atenção e alto grau de observação, sem preconceitos, sem julgamentos.
- Crie empatia, coloque-se no lugar do outro para reagir a contento, de acordo com as expectativas dele.
- Mantenha o foco, seja proativo no processo de comunicação.

SUA FALA, SUA CARA

Falar nos caracteriza como seres humanos. Por meio da fala e de seu mais poderoso instrumento, a voz, revelamos ao mundo quem somos e como estamos a cada momento. Por vezes, nossos sentimentos são flagrados em uma simples troca de palavras, a despeito de todo esforço que dedicamos para escondê-los. Em outras, é você quem percebe algo estranho no ar, fica com uma sensação diferente daquela que o seu interlocutor insiste em transmitir como verdade. Uma pessoa com característica mais autoritária tem voz bastante típica, própria: fala com intensidade mais forte; enquanto os tímidos usam intensidade mais fraca. Aquela turma que anda com o nariz em pé, esnobe e narcisista – lembrou de alguém? – exagera na articulação; já os inseguros quase não abrem a boca para falar. Isso tudo é resultado da influência da dimensão psicoemocional na construção da nossa fala.

Já conversamos no capítulo anterior sobre o fato de que, além da dimensão psicoemocional, há a influência das características físicas e socioculturais. Juntas, essas três dimensões vão produzir a construção da nossa imagem. Por exemplo, pessoas de maior porte físico apresentam vozes mais graves, enquanto as de menor porte têm vozes mais agudas – o que não significa que não conheçamos baixinhos com vozeirão, fato que, convenhamos, causa estranheza à primeira vista (ou ouvida). Bem provável que se trate de um baixinho de personalidade autoritária!

Se nossa história é transmitida pela voz, o meio em que vivemos também exerce forte impacto na maneira de falar, pois definimos em parte a nossa comunicação por imitação, seguindo modelos. O sotaque do gaúcho não está no DNA, mas na "canção" que ouve desde pequenino, entoada pela conversa de seus pares. E assim acontece com o mineiro, com o baiano, com o carioca, com o paulista. Não, o paulista não tem sotaque, diz o amigo nascido em São Paulo. Para o paulista, claro que não! Aquele ritmo da fala faz parte do cotidiano dele, e isso se transforma em padrão. E assim acontece com o catarinense, o pernambucano, o mato-grossense, com todos nós, que vemos o padrão quebrado todas as vezes que nos deparamos com povos de outros estados.

Tanto quanto os fatores geográficos, nossa formação e inserção social aparecem na fala boa parte das vezes através do vocabulário, na medida em que esse é um elemento que gera vínculo nas sociedades e nos grupos com os quais convivemos. Por exemplo, pelo discurso conseguimos de forma relativamente segura perceber o nível de educação de nosso interlocutor. Da mesma maneira, tendemos a não errar feio quando ouvimos alguém falando e o identificamos como integrante dessa ou daquela tribo. Essa relação é tão forte que há os que reproduzem, conscientemente, erros gramaticais em sua fala para não perder a conexão com as pessoas de sua base de relacionamento (às vezes, suas bases eleitorais).

Combinado assim: nossa voz conta nossa história e nossa história sofre influências de fatores socioculturais, físicos, emocionais, entre outros, e graças a essa diversidade construímos uma identidade própria, única, e nos revelamos ao mundo a cada vez que falamos (muitas vezes quando nos calamos também!). Portanto, se existe essa relação entre nosso falar e nosso ser, temos um grande desafio: conhecer essa relação e tornar ativa a nossa interferência, no sentido de passar sempre a melhor mensagem ou a melhor imagem.

NÃO BASTA FALAR, TEM DE ACREDITAR

Agora, tenha cuidado! Se, para liderar, falar é preciso; só falar não é comunicar. É tagarelar. O resultado dessa prática, você conhece melhor do que ninguém. Calma, não estamos dizendo que você é um tagarela, mas, com certeza, sabe o que é se deparar com o cunhado no almoço de domingo ou aquele colega indigesto, na segunda-feira, dispostos a descrever detalhadamente todas as suas desventuras do cotidiano. Falam demais, dizem pouco e afastam seus interlocutores. Mesmo fenômeno que, às vezes, sem saber por que, provocamos em nossa audiência ou na nossa equipe de trabalho quando resolvemos apresentar as boas intenções daquele projeto vencedor: as pessoas não prestam atenção ou não entendem, ou não prestam atenção e não entendem – o que é mais comum. Aqui, o segredo do sucesso é a convicção. Comunicação contagia e você só é ouvido com entusiasmo quando fala desse modo. Só fale aquilo que efetivamente faz sentido para você. Cuidado com os discursos prontos, com as apresentações montadas por outras pessoas… Só "venda" a ideia que você já comprou! Convicção está associada ao conceito de carisma. É isso mesmo, essa noção tão subjetiva, "ter carisma", está totalmente relacionada a comunicar-se com convicção. Portanto, não é algo que "nasce" com a gente, mas pode ser desenvolvido, sempre!

Já sabemos também que comunicação é uma competência – e não vamos nos cansar de repetir essa máxima. Como toda competência, ela se desenvolve a partir de três características básicas. A primeira é o conhecimento, o que pode parecer óbvio para você, mas não o é para muitos. Por mais domínio que tenhamos da palavra, isso não é suficiente se não estiver sustentado no conteúdo. É comum pessoas de boa oratória acreditarem que são capazes de apresentar qualquer tema para qualquer público. Isso se transforma em uma tremenda armadilha, pois talvez até o façam com aparente maestria, decoram bem suas falas, preparam o discurso; mas, em algum momento, a falta de intimidade com o objeto se revelará. Se você não conhecer muito bem o assunto para o qual foi escalado, de nada adiantará aquele cursinho de oratória bacana que fez no fim de semana. Dominar o conhecimento é fundamental, e você deve se dedicar bastante a isso, lendo muito e se atualizando. O aprendizado contínuo é um dos ensinamentos dos grandes líderes.

Em um cenário repleto de informações, transformá-las em conhecimento, a partir da interpretação de dados e do inter-relacionamento de fatos, não chega a ser coisa de outro mundo. Por isso, hoje, mais comum do que assistir a pessoas apresentando temas que desconhecem é assistir a pessoas que desconhecem como apresentar os temas que dominam. Não é difícil encontrar, em diferentes áreas, especialistas muito bem preparados, que se aprofundaram em pesquisas, têm vários cursos dedicados ao assunto, mas que no instante em que precisam transmitir esse conteúdo ficam muito aquém de seu potencial e causam frustração no público. Isso acontece porque o conhecimento é apenas uma das pernas do tripé da boa comunicação – importante, sem dúvida, mas que não anda sozinho.

Para o conhecimento se revelar, é preciso, também, habilidade na comunicação. Habilidade tem a ver com a maior ou menor facilidade em nos comunicarmos. Lá na empresa, você já deve ter percebido que tem alguns chefes que conseguem segurar a atenção de todos durante a reunião e outros que espantam a audiência e fazem a turma sair da sala – se não em corpo, já que pode gerar demissão, com certeza, em alma. Sem falar dos colegas que são craques em contar piadas no almoço da firma e ainda são capazes de provocar o fenômeno do "conta aquela…" – todo mundo já conhece a piada, mas não se cansa de ouvir. Aí chegamos em casa e decidimos reproduzir a brincadeira para divertir a turma na mesa do jantar. Sem entender bem o motivo, causamos uma tremenda congestão. Nem mesmo nós achamos graça da piada. Tudo é uma questão de habilidade, mais uma perna do tripé necessário para a comunicação andar. Pode voltar a sorrir, porque se não somos hábeis para nos comunicar hoje, lembre-se da boa notícia que já contamos: tem como melhorar essa capacidade! Comunicação é resultado de dom e treino; se o dom, a habilidade, for pequena, capriche mais no treino. É preciso, também, o desejo de mudar e muita dedicação!

A terceira característica básica para nos tornarmos bons comunicadores é a atitude. A maneira como nos apresentamos em um processo de comunicação emite sinais que fazem com que as pessoas nos avaliem positiva ou negativamente. Aqui nos referimos ao comportamento, aquilo que é visto e interpretado pelo outro. Encontre-se com alguém que fale com dedo em riste e olhar superior: um arrogante, dirá você. Fale com um funcionário que parece se esconder atrás do balcão, de voz baixa, ombros encolhidos e cabeça voltada para o chão: inseguro, será a sentença. É assim que nos comportamos especialmente quando não temos convicção do que estamos falando; sem convicção você só convence os fracos e o que queremos é transformá-los, tendo-os fortes ao nosso lado.

Anote aí: atitude é a soma de pensar, sentir e agir. Muitas vezes, temos conhecimento e alguma habilidade para nos comunicar, mas nossa atitude põe tudo a perder, pois essa é a característica que as pessoas captam com maior facilidade, tendo forte influência na construção da imagem que transmitimos. O pior (ou o melhor se soubermos aproveitar as oportunidades) é que essas pessoas não precisam de muito tempo para nos colocar um carimbo. O cronômetro dos pesquisadores costuma variar conforme o estudo, mas estima-se que são necessários cerca de 40 segundos para alguém traçar o nosso perfil definitivo! Cruel, não é? Nem sempre nós teremos a oportunidade de estar por mais tempo com nosso interlocutor para corrigir uma eventual primeira impressão negativa.

Para não sair no prejuízo antes do primeiro minuto de jogo, não custa nada dedicar alguns momentos do seu dia ao exercício da fala e se transformar em um comunicador competente, ampliando seu conhecimento, desenvolvendo suas habilidades e apresentando-se com a atitude condizente à sua posição de líder.

UMA VOZ BEM-COMPORTADA

Convencidos que estamos de que o padrão de comunicação nos eleva à condição de liderança nos grupos em que atuamos e a fala é um dos elementos mais significativos nesse processo, vamos abandonar a ideia de que a voz é instrumento de trabalho apenas de jornalistas, professores, cantores, telefonistas, atendentes de telemarketing ou do moço que vende picolé na praia. Assuma que você, no comando de uma equipe de trabalho, é um profissional da voz e esteja consciente de que a demanda vocal e a exigência de qualidade vão aumentar. Além disso, muitas vezes sua atuação se dará em condições adversas, exposta a fatores ambientais negativos e cenários estressantes. Desenvolver essa ferramenta e fazer a sua manutenção é essencial, por isso é preciso conhecer o mecanismo de produção da voz e torná-la adequada às situações que serão enfrentadas no ambiente profissional.

A voz é produzida pelo "aparelho fonador", colocado assim entre aspas porque na realidade não nascemos com órgãos específicos para essa função. Quando resolvemos falar, tomamos emprestados órgãos dos aparelhos respiratório (pulmões, traqueia, laringe, músculos diafragma e intercostais e cavidade nasal) e digestório (boca, faringe, língua...), que foram adaptados para essa função. Nem sempre essa adaptação acontece da melhor maneira, o que não significa defeito ou problema, mas sim interferência negativa no resultado final.

Fisicamente, a voz é produzida no nível das cordas vocais, que os especialistas chamam de pregas vocais; elas são duas pregas de músculo e mucosa que vibram durante a passagem do ar, na expiração. Para você entender melhor, imagine uma massa de pão de ló, bem fofinha, que seria a parte muscular, coberta por uma camada grande de chantili, representando a mucosa. Na produção da fala, as duas pregas vocais se aproximam à custa do trabalho muscular, e a mucosa vibra, produzindo um som básico bastante débil e fraco. Esse som inicial teria bem pouco significado se dependesse apenas dessa estrutura física. Fôssemos mulas sem cabeça, nos comunicaríamos por sussurros. No entanto, o som passa por amplificadores naturais, as cavidades da ressonância (boca, nariz, seios paranasais e garganta), que devem participar do processo de modo equilibrado, e depois é articulado na boca, onde participam os lábios, a língua, as bochechas, os dentes...

Apesar de esse processo parecer simples, podemos produzir a nossa fala a partir de várias possibilidades de ajuste. Na prática, em determinado momento de nossa vida, influenciados por aquelas três dimensões – a física, a psicoemocional e a sociocultural –, fazemos a "escolha" (entre aspas porque é inconsciente) de determinado padrão, que passa a nos representar. Essa escolha produzirá um efeito em nosso corpo e um impacto em quem nos ouve.

Preste atenção: se escolhermos o ajuste ideal, com uso da ressonância de modo bem equilibrado e com padrão amplo e preciso de articulação, o efeito no nosso corpo será de conforto absoluto. O impacto no interlocutor será a percepção de que estamos seguros, certos do que falamos, motivados... Considerando que comunicação é um processo dinâmico, as pessoas reagirão à nossa fala de modo atento e interessado. Percebeu? Depende da nossa atitude a resposta do outro! Isso traz uma baita responsabilidade, mas também a autonomia para garantirmos a transmissão de nossas mensagens da melhor maneira. Eventualmente, porém, podem-se fazer escolhas equivocadas.

Usar a cavidade da garganta como parte principal na ressonância do som sobrecarrega a estrutura e abafa a emissão. Essa fala sem projeção, além de cansar, passa aos outros a impressão de mais seriedade, menor contato, pouca vitalidade e nenhum entusiasmo. Imagine como será a reação do outro? Se o predomínio da ressonância acontecer na cavidade nasal, a impressão é de antipatia e futilidade. Se, ao contrário, não for usada a cavidade nasal para falar, a impressão é de maior distância, já que a cavidade nasal é associada simbolicamente à afetividade! Cruel para quem tem rinite, problema respiratório...

Já a articulação dos sons deve acontecer de modo amplo e preciso, com movimentos bem feitos. Assim, a percepção será de credibilidade total! Quando articulamos "meia boca", o outro nos lê como inseguros, indecisos, desconfortáveis com a situação de exposição. A articulação travada, entre os dentes, passa a impressão de agressividade contida. Se fizermos movimentos muito exagerados, pareceremos esnobes, arrogantes. Lembre-se do tanto que essas percepções produzem reações. E cuide-se para provocar a reação de que você precisa!

Entender essa estrutura é importante porque passamos a emitir o som da fala conscientemente, percebendo o seu caminho desde a origem até o ouvido do interlocutor. Isso ajuda ainda a levarmos em conta duas preocupações básicas em termos vocais: manter a saúde da voz e garantir sua expressividade. Esforço excessivo, por exemplo, gera desgaste, provoca desconforto e causa doença, o que vai prejudicar nossa qualidade de vida. O ideal é termos a voz estável e bem colocada e, ao mesmo tempo, transmitirmos o conteúdo da mensagem de maneira clara e com credibilidade.

O uso correto da voz tem de ser acompanhado de bons hábitos, pois há fatores que interferem na sua qualidade, direta ou indiretamente. É preciso manter-se hidratado e controlar a alimentação, evitar álcool e tabaco, realizar exercícios físicos e estar atento aos efeitos de remédios, da temperatura ambiente e do ar-condicionado. Assim como outros músculos do corpo, é preciso aquecer e desaquecer as cordas vocais para seu melhor funcionamento. Ou seja, se ainda não começou, já está na hora de mudar seu comportamento. No capítulo seguinte, vamos ajudar você a fazer essa mudança com dicas mais detalhadas sobre o tema.

FALE PARA QUE EU TE VEJA!

Uma voz bem-comportada é uma voz saudável, produzida sem esforço e com eficiência. Mas é preciso ir além e compreender que a voz compõe a impressão geral de comunicação, fazendo parte do que chamamos de comunicação não verbal. Você já leu sobre isso aqui no livro, não? A parte verbal é relacionada à seleção dos vocábulos que fazemos para enunciar nosso pensamento; a outra, não verbal, é expressa por nossa face, postura do corpo, gestos e características da voz. Ela é considerada por muitos estudiosos a mais poderosa produção de percepções na emissão de mensagens. Já ensinamos isso: ambas devem ser trabalhadas para se apresentarem com o mesmo objetivo e de modo coerente, o que constrói uma comunicação clara e atraente. Quando isso não ocorre, o que atingirá de modo mais evidente o nosso interlocutor é a mensagem não verbal, mais difícil de ser controlada, portanto com muito mais credibilidade.

Desculpe-nos se vamos repetir o assunto, mas é necessário: a maneira como nos expressamos transmite muitas informações a nosso respeito e da mesma forma recebemos as mensagens emitidas pelos outros durante o processo de comunicação. Esse conceito de psicodinâmica vocal é fundamental nesta análise, na medida em que ocorre de forma inconsciente tanto para o emissor como para o receptor, o que nos obriga, na busca por resultados efetivos, a compreender seus aspectos para nos apropriarmos dessa importante habilidade.

Alguns efeitos psicodinâmicos são bastante conhecidos e até já foram abordados anteriormente. Por exemplo, o tom da voz passa a ideia do clima do discurso, com os mais agudos se referindo a ambientes alegres e os graves aos mais sérios. A intensidade, forte ou fraca, demonstra a percepção de limites sociais. O domínio da modulação revela a disposição à negociação. E a clareza articulatória, o cuidado em ser compreendido. Deve-se usar ênfase e pausas estratégicas para se destacar informações relevantes; e dar à voz melodia rica e variada para quebrar a monotonia do diálogo.

Na prática, o que queremos utilizar é um padrão natural de comunicação, espontâneo. Isso é o que se busca em todas as situações, pessoais e profissionais. Mas o que é uma comunicação natural? É aquela que varia de acordo com o conteúdo. Para tanto, precisamos de um aparelho fonador flexível e de um corpo sem pontos de tensão, assim ambos podem se adaptar rapidamente e sem esforço ao que está sendo dito.

Esse conjunto de atitudes garante a atenção e o interesse do ouvinte, além de ajudar na tarefa de informar de maneira precisa. Voltaremos ao assunto no próximo capítulo. Por agora, a ideia é que você guarde a mensagem ensinada por Sócrates, na Grécia Antiga: "Fale para que eu te veja".

A ARTE DO ENCANTAMENTO

Conquistar a atenção das pessoas é apenas o início de um caminho para tê-las sintonizadas com nossos objetivos ou motivadas a se engajar em uma causa. Esse tem sido um dos maiores desafios de líderes e empresas, principalmente se levarmos em consideração a forte competição que existe no mercado e o fato de que boa parte do conhecimento e outros recursos necessários estão acessíveis a todos. O que pode ser o diferencial para convencermos um grupo ou um parceiro a atuar conosco, unir-se à nossa ideia ou investir em um projeto é a nossa capacidade de encantamento, nosso poder de transformar mentes, corações e ações das pessoas, como prega

Guy Kawasaki, que foi evangelista da Apple e, por onde passa, exerce como poucos o papel de líder inspirador.

Já falamos sobre como as pessoas constroem nossa imagem em pouquíssimo tempo; portanto, não nos espanta que para encantá-las alguns sinais bastante simples sejam necessários para darmos início a essa relação com o pé direito, ou com a mão direita, já que tudo começa com um aperto de mão acompanhado de um sorriso. Kawasaki chama a atenção, também, para aspectos que estão muito ligados ao que conversamos até aqui, a começar pelo vocabulário que usamos. Ele deve estar baseado em palavras simples e mensagens breves emitidas com entonação apropriada.

Um estudo realizado na Universidade de Glasgow, na Escócia, gravou o depoimento de 64 pessoas, extraiu a palavra "olá" de cada uma das gravações e as expôs a julgamento de 320 ouvintes para análise de personalidade dos oradores. Os resultados mostraram que, a partir de declarações curtas, com informação limitada, semelhantes a uma primeira impressão, os ouvintes demonstraram elevada consistência e alta concordância em suas análises quanto a confiança, dominância e atratividade dos depoentes. Assim, lembre-se de que aquele "olá" despretensioso que você diz ao encontrar alguém e mesmo o rápido cumprimento que você estende a seus interlocutores podem marcar o início de uma transformação – ou não, dependendo do seu nível de consciência da importância do ato. Quantas vezes, em uma entrevista de rádio, em que temos apenas o áudio como fonte, o bom-dia do entrevistado é suficiente para tirarmos nossas conclusões: está entusiasmado, está de má vontade, parece envergonhado...

Cumprimentar de maneira assertiva não é, porém, garantia de bons resultados; afinal, o jogo do encantamento mal começou a ser jogado. As relações humanas são muito mais complexas e precisamos desenvolver outros hábitos, como o da humildade, entendendo que todas as pessoas são superiores a você em alguma coisa e, portanto, temos muito a aprender com elas. Costumamos criar barreiras de relacionamento quando iniciamos um contato sob o signo da desconfiança; este, portanto, não é um bom ponto de partida. Sempre esteja disposto a ver o melhor nas pessoas e a acreditar que elas são boas até que se prove o contrário. Busque pontos em comum com seu interlocutor, mesmo quando estiver diante de pessoas de quem não gosta, e, ao identificá-los, veja como sua causa ou ideia pode ajudar ambos.

Kawasaki sugere técnicas de comunicação que permitam a conquista da confiança e tornam sua causa fácil de ser disseminada. Chama a atenção a insistência dele quanto à simplicidade do discurso; defende falas curtas, claras, diferentes e substanciais; indica o uso de metáforas para evocar imagens mentais poderosas e de comparações para familiarizar as pessoas com algo. O encantamento depende, claro, da causa que você está oferecendo e da possibilidade de gerar nos outros uma experiência muito acima do esperado, mas não haverá transformação nem seguidores se você não tiver desenvolvido a competência da comunicação.

FAÇA VOCÊ MESMO

Seja encantador como Kawasaki:

Por quê?

- Quanto maior sua meta, maior sua necessidade de mudar corações.
- É fundamental quando você tem poucos recursos e muitos concorrentes.
- Se você faz algo significativo, precisa de encantamento.

Como?

- Faça com que as pessoas gostem de você.
- Descubra algo de que goste em cada uma delas.
- Conquiste a confiança delas.
- Faça a coisa certa do modo certo.
- Seja breve, simples e agradável.
- Encantamento é um processo, não um evento!
- Persista e mantenha a coerência em suas atitudes.
- Seja encantador, não apenas esteja...

Recursos de comunicação

Comunicação costuma ser mesmo uma coisa muito complicada. Como vimos até aqui, a distância entre o que sai da sua boca e o que chega ao ouvido dos outros pode ser enorme, o que causa mal-entendidos, constrangimentos e até demissões. Porém, quando você escolheu ser líder, ou foi escolhido, assumiu a responsabilidade sobre o impacto que quer provocar no outro. Assim, ao aceitar a função, tem de conviver com esse risco. Seu esforço será o de controlar os efeitos provocados pela sua comunicação, a partir de elementos que interferem na interpretação da mensagem, tais como expectativas e histórias de vida. Ao mesmo tempo, você já viu que desenvolver ferramentas de encantamento e usar a assertividade e a expressividade a seu favor são soluções que colaboram para que o resultado seja positivo. A tarefa, porém, é bem mais complexa, pois temos de estar atentos a outros aspectos que interferem nesse processo. O legal é saber que, ao identificar todos esses pontos, a possibilidade de você se transformar em um líder comunicador é enorme!

QUAL É O SEU PADRÃO?

É comum ouvirmos na hora do cafezinho, quando dois colegas estão divergindo sobre coisas do cotidiano e cada um defende sua opinião, aquele que busca contornar as diferenças com a clássica frase: gosto não se discute! Isso é uma meia verdade. Há diversas situações que pedem um bom debate até para tentar mudar a perspectiva do outro. Mas vamos ficar apenas com a metade verdadeira, que é o que nos interessa agora. Preferência é nosso modo mais imediato de fazer as coisas. É o jeito como agimos no "piloto automático". Não se trata de limitação, porque somos capazes de fazer de outro modo, só não estamos acostumados. Nos sentimos mais confortáveis dessa maneira. Em termos de comunicação, há dois padrões mais frequentes: o analítico e o sintético.

Uma pessoa com padrão analítico preponderante tende a dar grande atenção aos detalhes. Ela sente necessidade de contextualizar toda a situação antes de transmitir a mensagem principal. Ela costuma ler mais devagar, se ater às minúcias e, ao retomar a leitura, precisa voltar um ou dois parágrafos para se familiarizar com o assunto. A comunicação de um analítico pode ser representada por meio de um círculo. Ele normalmente demora para iniciar a resposta, reflete, respira… E começa explicando tudo, muitas vezes iniciando a frase por um "veja bem". E lá vem história!

Como quase tudo na vida, esse padrão tem um lado bom e um lado ruim. Analíticos são considerados pessoas com grande conhecimento, respeitadas em seu meio, sempre procuradas para dar opinião, uma vez que conhecem como ninguém as diferentes variáveis de seu negócio e podem fazer as melhores escolhas. O lado negativo é que eles correm o sério risco de perder o tempo da comunicação, aquele momento ideal em que o interlocutor está pronto e motivado para ouvir a opinião ou a informação arrebatadora. Quando está disposto a ser convencido!

Pessoas com preferência pelo padrão sintético são objetivas de carteirinha. Curtas e grossas, como se diz. Focadas na "moral da história". Tendem a ser impacientes. Gostam de ir direto ao ponto. Costumam ler muito rápido, apreendem apenas o mais relevante. Se a forma de comunicação do analítico pode ser representada por um círculo, a do sintético é uma flecha. Sua resposta é direta. O lado bom é que o sintético atende rapidamente aos questionamentos dos outros. Em compensação, gera dúvidas e passa a impressão de ser mais raso, superficial.

A partir dessas descrições: você é analítico ou sintético? E qual é o melhor? Como sempre, o melhor é o equilíbrio. Trata-se de procurar usufruir dos benefícios dos dois mundos, reforçando a vantagem e compensando as eventuais desvantagens de cada um dos tipos. Tão importante quanto identificar qual é a sua preferência e se adaptar às circunstâncias de comunicação é entender a preferência do seu interlocutor. Considere, ainda, que, quando falamos para grupos de pessoas, fatalmente temos diante de nós uma plateia de analíticos e de sintéticos. Assim, para atender e nos fazermos compreender pelos dois tipos de público, com altíssimas chances de sucesso, é preciso traçar uma estratégia diversificada.

FAÇA VOCÊ MESMO

Prepare-se para agradar sintéticos e analíticos:

- Defina as mensagens principais de modo claro e objetivo.
- Dê uma hierarquia às informações: escolha a sequência mais interessante para abordá-las.
- Observe quais mensagens são positivas, fáceis e com bom potencial de serem aceitas, buscando exemplos, analogias, casos e boas histórias para ilustrá-las.
- Observe quais mensagens são negativas, com tendência a gerar polêmica ou dificuldade de aceitação, buscando argumentos concretos, justificativas claras, baseadas em dados numéricos, estatísticas...
- Inicie o discurso pelas mensagens mais relevantes.
- Em seguida, discorra sobre cada uma delas, sustentando-as com suas explicações previamente definidas.
- Mostre claramente para seu público qual é a reação que você pretende provocar, qual resposta deles você pretende obter.
- Certifique-se de que foi compreendido.
- Ao finalizar, repita as mensagens principais.

Para tornar esse desafio ainda mais provocante, vamos lembrar que as pessoas – incluindo você – são muito mais ricas e diversificadas e podem ser caracterizadas por outros parâmetros, que devem ser mapeados para facilitar o nosso acesso a elas. A neurociência, por exemplo, identifica três modelos básicos de processamento cerebral, que revelam os canais de comunicação para os quais damos preferência. Podemos ser visuais, auditivos ou cinestésicos.

As pessoas visuais são aquelas que têm fala rápida, descrevem com detalhes, usam palavras de modo desajeitado, observam mais as demonstrações, gostam de ler, são organizadas e ordeiras, segundo definição da Sociedade Brasileira de Coaching. Elas privilegiam expressões como "dê uma olhada", "veja o que você acha", "está claro", "ideia brilhante"... Para conversar com elas, podemos nos apropriar dessas expressões e seremos mais bem entendidos.

As auditivas são descritas como pessoas que inclinam a cabeça para um lado para ouvir melhor, têm voz de locutor, dificuldade com escrita e cálculos e facilidade para idiomas; elas se distraem com barulho, não conseguem esperar para falar, são repetitivas, usam frases longas e memorizam por etapas. Palavras que as atraem: "ouvir", "falar", "dizer", "comentar" e "opinar". As cinestésicas falam lentamente, fazem longas pausas e usam volume baixo; gostam de tocar e ser tocadas; são impulsivas e gesticulam muito. Palavras que nos aproximam: "sentir", "estar em contato", "apertado", "concreto" e "sólido".

É preciso encontrar o ponto em comum com analíticos e sintéticos ou com visuais, auditivos e cinestésicos para mantê-los atentos e, sempre que possível, reforçar informações que considere fundamentais. Assim, você estará colaborando para que a turma, independentemente do perfil em que se encaixe, assimile exatamente aquilo que você pretende. É por isso que, neste livro, algumas mensagens que entendemos ser essenciais para o seu conhecimento e o desenvolvimento da comunicação são retomadas a todo momento – e muitas serão apresentadas de forma sintética no fim.

Por exemplo: você se lembra da pesquisa feita por Albert Mehabian, da UCLA? Os números estão no capítulo anterior. O estudo analisou o impacto da comunicação a partir dos recursos verbais, não verbais e vocais. Voltamos a nos referir à pesquisa e vamos aprofundar cada um desses recursos, pois a forma como serão usados é que resultará na qualidade da mensagem que transmitiremos.

NO PRINCÍPIO, O VERBO – RECURSOS VERBAIS

Para lembrar: os recursos verbais têm a ver com as escolhas que fazemos das palavras para transmitir a nossa mensagem, da forma como criamos as frases e das expressões que usamos. Nesse quesito, menos é mais: escolha palavras habituais, que façam parte do seu vocabulário rotineiro. Você já vai ter que se preocupar muito com o conteúdo para ter tempo de falar difícil! Usar palavras do cotidiano diminui o risco do "branco". Vai confiar na memória para ver o que acontece!? Além disso, você vai parecer muito mais natural.

Dê preferência às palavras mais curtas. Em seu livro sobre como Steve Jobs encantava pela comunicação, Carmine Gallo faz referência a quatro itens para avaliar a qualidade dos discursos, a partir de análise desenvolvida pelo jornalista de tecnologia Todd Bishop. Um deles é o índice de "palavras duras", assim considerada qualquer palavra que tenha mais de três sílabas, ou seja, todas as polissílabas (inclusive essa).

Gallo defende bravamente que, quanto menor o índice de palavras duras, melhor é o discurso. Isso acontece porque as polissílabas são de compreensão mais complexa. Não bastasse o fato de serem ruins de falar, por serem difíceis de articular e exigirem atenção muito maior, podem, ainda, se transformar em uma armadilha levando-nos a perder o fio da meada, pois demandam concentração para se falar direito cada sílaba, sem tropeçar. O risco é transmitir a ideia de algo artificial. Não vale a pena!

Assim como as palavras, formule frases curtas. Aquelas sentenças imensas, repletas de orações subordinadas, apostos e muitas conjunções só funcionam na escrita. São o useiro e vezeiro em nos levar a cometer erros de concordância. Sem contar que o cérebro é preguiçoso e só entende aquilo que pode assimilar rapidamente. Steve Jobs usava menos palavras por frase e abusava das palavras mais simples. E, convenhamos, não era por falta do que dizer.

Já que vai simplificar as palavras e as frases, inclua nessa regra os números. Sempre que possível, use números redondos e os coloque próximos do contexto das pessoas com as quais você está falando. Transforme-os em imagens. É muito mais fácil de o público memorizar a informação e entender sua dimensão.

Os outros dois itens usados para avaliar a qualidade do discurso citados por Gallo são: densidade léxica, que indica a facilidade ou dificuldade em ler um texto, e o índice de legibilidade, que sugere a quantidade de anos de educação que um leitor teoricamente requer para compreender o texto.

Afirme sempre! A negativa não tem efeito no nosso cérebro e pode ressaltar exatamente o que não queríamos dizer. Repare: ao ouvir "não pense vermelho", a primeira cor que vem à cabeça é o vermelho. É mais interessante e eficiente dizer: "pense azul". Da mesma forma, a voz ativa é mais fácil de compreender, pois é como costumamos falar no dia a dia. Dificilmente alguém vai disparar a voz passiva e dizer: "Os ladrões foram presos pela polícia". Vai de ativa: "A polícia prendeu os ladrões" – ainda bem!

Evite estrangeirismos. A língua portuguesa já está cheia deles, para que inventar outros? Termos técnicos e siglas, deixe-os de lado, a não ser que esteja em um grupo fechado que entenda perfeitamente essa sua língua estranha. Gírias e palavrões, esqueça! Cuidado com os neologismos, palavras que são inventadas a toda hora. Uma boa comunicação exige que emissor e receptor (você e o outro) conheçam o mesmo código. Não se arrisque!

Coloque na lista das palavras ou expressões a serem evitadas as que causam impacto muito ruim. Algumas delas são consideradas proibidas por Thorsten Havener, mentalista e escritor alemão: "na realidade", "talvez", "mas", "vou lhe ser sincero". Exageros à parte, ele sugere que se mude as fórmulas impessoais: em lugar de "precisamos entregar o projeto de inovação" use "faça o projeto de inovação para mim". Seja específico: dizer "tudo o que foi feito foi bem" perde força. Diga o que foi bem! Seguindo a mesma lógica, melhor deixar para lá as generalizações: "nunca", "sempre", "de novo".

Calma! Após tantas restrições, deixamos para você a lista de palavras que Havener chama de mágicas pelo impacto que produzem. De mágica, ele entende!

FAÇA VOCÊ MESMO

Palavras e expressões de que você pode abusar, segundo Thorsten Havener:

- "O que vou dizer agora vai te inquietar": prepara para gerar medo!
- A palavra "segredo" ou tom de segredo: gera suspense.
- A expressão "ou": "você pode fazer isso ou pode aquilo" convence o outro a fazer aquilo; quando o "ou" finaliza uma pergunta e deixa tudo no ar, a resposta é negativa.
- "Porque" e "visto que": quando explicamos um posicionamento, aumentam as chances de o outro concordar.
- Sempre dê duas instruções unidas pelo "e": o outro tende a aceitar mais! Exemplo: "suba e arrume o quarto", "venha cá e me beije"... É mais informação do que dá pra processar; a pessoa não sabe qual negar primeiro e cumpre as duas!
- Use sempre o nome do outro! As pessoas ficam mais abertas ao diálogo quando você inicia uma frase pelo nome delas. Mas cuidado: no fim da frase pode parecer intimidade exagerada. E se falar o nome errado... é um desastre! Use o "você".
- "Não": é tabu, conforme já falamos, palavra desconhecida para nosso subconsciente! Emita ordens diretas. Porém, se usar "não... a não ser que...", você convence o outro! Negação incorporada também pode ajudar: "Tenho certeza de que você não quer!"

Finalmente, tenha muito cuidado e elimine as barreiras verbais. São palavras ou expressões que tendem a ser repetidas e chamam a atenção do nosso interlocutor mais até do que o próprio conteúdo. Não é muito chato ouvir o colega repetir coisas como: "tá certo?", "né?", "está me entendendo?", "compreende?", "ok?". Além de desviar a atenção em relação ao tema, essas barreiras passam a ideia de que você busca a aprovação do outro, o que sugere grande insegurança. Tão inseguro como quando você ocupa os momentos de reflexão, em que a pausa seria natural, com vogais prolongadas: "ann..", "ééé..." . Isso gera a ideia de muita hesitação ou de falta de vocabulário. Às vezes, de hesitação e de falta de vocabulário.

Elimine as expressões pejorativas e preconceituosas: mulherada, chinesada, judiação, caipirada... Preconceito é totalmente fora de moda! Aliás, fora de questão! Lembre-se de que tudo constrói percepção e o outro reage ao que percebe!

FAÇA VOCÊ MESMO

Explore seus recursos verbais:

- Escolha as palavras mais simples, de uso habitual.
- Construa frases sempre na ordem direta e na voz ativa.
- Seja simples, direto e objetivo.
- Afirme sempre.
- Acabe com as barreiras verbais.
- Trabalhe seu vocabulário.
- Evite as palavras ruins.
- Abuse das palavras mágicas!

AGORA É SEM O VERBO – RECURSOS NÃO VERBAIS

Vamos sair do que se ouve e passar para o que se vê. Recursos não verbais, apenas para reforçar, têm a ver com a imagem do nosso ambiente e de nós mesmos. Assim que você chega ao escritório de alguém que foi visitar pela primeira vez, todos os detalhes visuais chamam sua atenção. A mesa tem papéis jogados, restos de sanduíche? Que pessoa desorganizada! Há porta-retratos da mulher, do marido ou dos filhos? Como é afetivo! Há enfeites que denotam algo? É supersticioso, religioso… A sala é ampla, bonita? É bem-sucedido! E por aí vai! Tudo comunica, tudo constrói percepção. Mas nem tudo se resolve com uma boa arquiteta. Você tem de estar atento à sua imagem pessoal.

Saiba que moda também é uma forma de comunicação. Portanto, vista-se de acordo com o cargo que você pretende ocupar, sem perder a sua autenticidade. Desse modo, você será lembrado quando houver uma oportunidade de promoção. Se o hábito não faz o monge, ajuda! Apresente-se de acordo com seu ambiente de trabalho. É um profissional liberal? Use e abuse de roupas discretas, mas pode ter certo grau de personalidade. É um executivo? Use ternos, camisas de cores claras, gravatas de bom gosto; vestidos mais clássicos, saias com blusas de tecido de qualidade. É um publicitário? Ouse, coloque à tona toda a sua criatividade, com visuais surpreendentes – sem esquecer que a elegância também surpreende.

O cuidado com a escolha das roupas pode ser medido pelo investimento que se tem feito nas últimas décadas para melhor vestir os políticos em campanhas eleitorais. Aqui no Brasil, virou notícia a troca de guarda-roupa do então candidato à presidência da República, Luiz Inácio Lula da Silva, depois de sofrer três derrotas seguidas. Por indicação de Duda Mendonça, ele abandonou seu alfaiate tradicional e se submeteu à fita métrica do estilista Ricardo Almeida. Chamou a atenção, no debate final da campanha, o terno com caimento perfeito, que lhe deixou confortável para passear no cenário preparado pela televisão, em contraponto ao adversário José Serra, que parecia desajustado diante das câmeras. Lula não venceu aquela eleição por causa da roupa, mas ao se ajustar no terno, sinalizava que estava disposto a seguir também outras regras de mercado.

O traje, assim como pode ajudar, pode atrapalhar. Para transformar a imagem política ultraconservadora de Sarah Palin, candidata a vice-presidente pelo Partido Republicano, nos Estados Unidos em 2008, seus auxiliares resolveram investir US$150 mil em roupas contemporâneas. O problema é que a clássica imagem estabelecida incomodou seus seguidores e não convenceu novos eleitores. A modelo não se encaixava naquele modelo! Para piorar, o dinheiro gasto nas vestimentas foi contestado. Ficou deselegante! Não é possível dizer quanto esse episódio contribuiu para a derrota na eleição, mas com certeza beneficiou o democrata e alinhado Barack Obama.

Muito além dos cuidados com a roupa que vai usar, certifique-se de que elas estejam limpas e bem passadas. Fique atento aos botões, zíperes, detalhes, costuras... Dê atenção especial aos cabelos, unhas e acessórios. Cuidado com o perfume e com a maquiagem. Lembre-se, menos é mais!

Arquitetos, decoradores e estilistas podem dar aquela força na sua carreira, mas, outra vez, não resolvem tudo. Porque, quando falamos de recursos não verbais, estamos olhando para o seu corpo: postura, gestos e expressão facial.

Veja que interessante: nossos pensamentos ou sentimentos interferem na nossa linguagem corporal. Você já percebeu que, quando estamos tristes ou inseguros, nossos ombros se encolhem e o olhar fica baixo. E aquele colega que parece arrogante? A cabeça pende mais para trás e o olhar vem de cima. A grande sacada é que o inverso também é verdadeiro. Quando voluntariamente mantemos nosso corpo em determinada posição ou assumimos uma postura corporal, passamos de forma gradativa a nos sentir desse jeito.

A psicóloga Amy Cuddy, sobre a qual já falamos quando tratamos de liderança feminina, tem feito o maior sucesso graças a sua postura: não apenas corporal, registre-se! Ela sustenta que corpo e emoções são uma via de mão dupla, de interferência mútua. Opa! Você se lembra de ter lido neste livro que comunicação é uma via de mão dupla? Não é por acaso que Cuddy usa a mesma expressão, pois o corpo comunica, fala e se expressa. Pode, inclusive, dizer um monte de coisas para nós mesmos. Ela defende que nos coloquemos corporalmente do modo como queremos nos sentir. Diz que é importante "fingirmos" não para convencer o outro, mas para nos convencer!

Em nossa vida profissional já demos muito essa orientação, com resultados sempre positivos: "suba ao palco com postura de vencedor", "olhe para as pessoas com confiança e coragem", "mostre no rosto sua alegria pelas realizações". Você mesmo já deve ter ouvido isso várias vezes. Na prática, trata-se, por um lado, de estar atento para evocar o sentimento de acordo com a mensagem... E ter um corpo flexível para obedecê-lo imediatamente!

Para saber como tudo isso funciona na nossa vida, vamos falar agora mais especificamente sobre cada um destes itens: postura corporal, gestos e expressão facial. E apresentar para você estratégias que vão ajudá-lo a mudar sua postura; pois, como provou Cuddy, em testes e na história pessoal, nosso corpo muda a nossa mente, nossa mente pode mudar o nosso comportamento, e o nosso comportamento pode mudar os nossos resultados.

A linguagem do corpo

Líderes carismáticos têm presença que revela confiança, competência e carisma. Eles são portadores de algo que tem sido chamado de "presença dominante" e têm plena consciência disso. Pessoas mais influentes movimentam-se de modo mais majestoso e lento do que as que têm menos poder. Dessa forma, você não precisa nem abrir a boca para ser avaliado como um líder... Ou não!

Mantenha sempre a postura ereta e confortável. Visualize: a sua coluna é um canudinho, dentro do qual passa um fio; imagine, ao falar, que alguém puxa esse fiozinho para cima, retificando seu tronco e alinhando a cabeça com a coluna. Assim, sua cabeça ficará na posição ideal, sem estar para baixo, denotando desconforto com a situação, nem para trás, demonstrando arrogância e prepotência. A inclinação da cabeça levemente para um dos lados é um sinal de que a pessoa está envolvida e prestando muita atenção na conversa – sinal geralmente emitido pelas mulheres e pelos "auditivos". Mas, da mesma forma que a cabeça inclinada pode ser vista como um sinal positivo, muitas vezes esse gesto é processado inconscientemente como submissão. Mulheres que querem projetar poder e autoridade devem manter a cabeça na linha da coluna, em posição mais neutra, lembra disso?

Cuidado para não ocupar menos espaço físico do que você merece. Pessoas com baixa autoestima e menos confiantes tendem a encolher seu corpo e minimizar seu tamanho, enquanto as confiantes, de alto *status*, expandem o corpo e ocupam mais espaço.

Havener faz as seguintes observações: a cabeça pode querer disfarçar os sentimentos. Quanto mais distante da cabeça, mais fiel à realidade é o gesto. Cabeça para um lado é mensagem de confiança no outro (exposição da carótida); para trás, enfrentamento do inimigo, arrogância e provocação. Braço estendido pressupõe aproximação; cruzado, um ou os dois, afastamento. Mãos nas ancas indicam domínio (ficamos maiores).

A base de seu corpo precisa estar estável, com o peso distribuído igualmente nas duas pernas. Esse cuidado evita os "pulinhos", que geram impacto de insegurança e grande desconforto com a situação. Sempre que puder, prefira falar em pé. Você fica mais elegante, a roupa mais bem assentada e, além de tudo, você demonstra claramente o seu desejo de se comunicar. Os pés bem fincados no chão darão a sensação de confiança e segurança.

Se você estiver sentado, os dois lados dos seus quadris devem dividir igualmente o peso do seu corpo, não se incline. Cuidado com aquelas "poltronas assassinas", confortáveis demais, que podem fazer seu corpo despencar e você parecer displicente. Mantenha o tronco ereto, voltado para seu interlocutor enquanto estiver falando; ao ouvir, encoste-se e mantenha-se atento. Sempre olhe para ele e passeie seu olhar se houver mais de uma pessoa.

Outro cuidado importante é em relação à distância. Sally Hall, que escreve sobre o impacto da psiquiatria e da terapia na vida cotidiana, ensina que o ideal é que cada uma das partes envolvidas no diálogo sinta que o seu espaço pessoal está sendo respeitado. Não fique, fisicamente, intimidado. Segundo ela, a regra segura é se sentar ou ficar pelo menos a 1,2 m de distância e estudar a outra pessoa para avaliar seu nível de conforto. É claro que em relação a isso há grande influência cultural. Estrangeiros, em geral, tendem a necessitar de maiores distâncias; latinos, como os próprios brasileiros, são muito mais próximos. Tome sempre cuidado com a hierarquia e busque uma distância confortável, sem invadir o espaço do outro nem deixe que o seu seja invadido.

Se você for usar microfone e puder escolher, prefira o *headset*, para manter as mãos livres; porém, atente-se a qualquer comentário paralelo para não ter surpresas! Se o microfone for do tipo pedestal ou de mesa, é mais interessante tirá-lo da base para ter mais mobilidade. Ao segurá-lo, mantenha os dedos firmes e descontraídos, e o posicione na altura do osso esterno, no meio do peito. O microfone deve permanecer imóvel durante todo o tempo! Primeiro para não alterar o áudio. E também porque falar com algo nas mãos é absolutamente atípico na comunicação; imóvel, o microfone produz percepção mais neutra.

Como temos a obsessão por empoderar as mulheres e torná-las ainda mais presentes e ativas no mundo corporativo, cabe aqui reforçar observações que já havíamos feito quando tratamos especificamente delas como líderes. Especialistas do Imelco (Instituto de Microexpressões e Linguagem Corporal) ressaltam que todos, homens e mulheres, usam gestos pacíficos para se controlar quando estão sob estresse: "esfregam as mãos juntas, agarram seus braços, tocam seus pescoços como uma forma de se autoconsolar e se adaptar à situação. Mas as mulheres são vistas como menos potentes quando se 'pacificam' com comportamentos típicos de menina como enrolar o cabelo, brincar com as joias, tocar o pescoço etc.". Evite!

A linguagem dos gestos

Os gestos são naturais e acompanham a nossa fala. Então, por que aprender? Porque situações importantes de comunicação geram estresse e nos fazem perder a naturalidade. A supressão dos gestos é antinatural. Por exemplo, quando falamos com os braços presos – cruzados, com as mãos no bolso –, a tendência é movimentarmos mais o corpo. Portanto, solte seus braços e se beneficie dos seus gestos.

As mãos têm grande importância na comunicação. Os dois tipos de gesto mais frequentes são o simbólico, que representa algo que eu digo, e o enfático, que marca as ênfases nas palavras que eu seleciono. Quando não estou fazendo gestos, minhas mãos se encontram no que chamamos de posição neutra: podem estar à frente do corpo, na linha da cintura, uma sobre a outra... Fica artificial e monótono quando voltamos sempre para a mesma posição neutra.

Outro ponto importante diz respeito à linha dos gestos. Os mais naturais acontecem na altura da cintura! Gestos abaixo da cintura passam a impressão de insegurança, baixa autoestima. Gestos altos por sua vez denotam descontrole, desespero... E ainda competem com o rosto, podendo gerar suspeita de mentira!

Gestos abertos (palmas expostas) são sinal de amabilidade e atratividade, segundo Havener. Gestos fechados passam a ideia de dissimulação, insegurança, distância, assim como quando escondemos as mãos atrás da mesa ou do corpo. Ideia que é reforçada por Gallo, que recomenda o uso de gestos em sua esfera de energia: ele diz que um estilo entusiástico inclui movimentos amplos e abertos, com movimentos das mãos projetados para fora e postura inclinada para a frente.

Ao colocar a mão no ombro do seu colega, a mensagem subliminar é: sou mais forte! Ao bater os dedos, demonstra impaciência, estresse, frustração, necessidade de ir embora. Já as mãos posicionadas em forma de garra reforçam argumentos; as mãos como estivessem empurrando algo pedem distância; movendo objetos, significa organização de argumentos. Se você coloca a mão no bolso, pode ter algo a esconder; com os polegares para fora, significa dominação, assim como quando você cruza os braços atrás do corpo.

Voltamos a alertar: atenção ao apertar a mão de alguém! Aperto de mão vigoroso passa a impressão de domínio e força; frouxo, revela insegurança, indiferença; prolongado, não quero deixar o outro; rápido, incapacidade de compromisso. Tem coisa mais sem graça do que cumprimentar alguém com a mão mole?

Nossa, quanta coisa! Vá gradativamente desenvolvendo maior atenção a esses sinais. O interessante é que são sinais que emitimos e recebemos sem a mínima consciência, o que faz com que a percepção seja ainda maior. Como líder, você precisa se apropriar deles e emiti-los com consciência, além de estar receptivo aos sinais de seu interlocutor. Não tem como não comunicar: temos que aprender a interpretar os sinais enviados pelo outro e estar conscientes dos nossos. É importante desenvolver observação detalhada e sistemática, e para tanto basta treinar. Saber disso é o primeiro passo. Vá em frente!

A linguagem da face

As pessoas normalmente enxergam o nosso rosto a partir de dois planos: um superior, da ponta do nariz para cima, onde os olhos carregam a maior expressão, e outro inferior, da ponta do nariz para baixo, onde a boca tem maior carga expressiva. É sempre interessante que haja coerência entre os dois planos para que nossa expressão facial seja harmônica.

Em relação à parte superior, dizem frequentemente que "os olhos são as janelas da alma". Assim, é muito importante nos mantermos atentos ao cuidado com o direcionamento do nosso olhar. O contato visual é uma das ferramentas de comunicação mais poderosas entre duas pessoas, já que ele transmite abertura, sinceridade e confiança. Evitá-lo dá à outra pessoa a sensação de que você está sendo evasivo ou desonesto, o que pode tornar a negociação muito difícil. Por outro lado, o contato visual é tão poderoso que em excesso pode se tornar ameaçador, ser visto como agressivo ou intimidatório.

"Se o olhar não convence, os lábios não podem persuadir", ensina Havener. As nossas pupilas são ótimas indicadoras e sempre nos delatam, porque não conseguimos controlar os seus movimentos. Quando algo nos interessa, elas dilatam (sentimentos positivos); já quando algo nos desagrada, elas se contraem (sentimentos negativos). A duração e direção do olhar também são importantes. Olhos fechados: cansaço, não gostou do que foi dito ou não quer mais informação.

Em relação à parte inferior, a boca filtra o que é bom para nós ou não: a musculatura ao seu redor merece a nossa atenção. Quando você mantém seus lábios entreabertos, sinaliza que quer mais informação; quando eles estão contraídos, que não quer mais nada, nem falar. Veja o que acontece com o sorriso: quando autêntico, ele dura mais que o fingido e desaparece fluidamente; nele, os olhos sorriem também e a testa participa!

Tome cuidado para não franzir a testa ou enrugá-la, fazendo expressões de preocupação. Aproveite a oportunidade para sorrir e acenar concordando sempre que possível. Mantenha seu queixo para cima, evocando positividade, e o nível dos seus olhos na direção do seu interlocutor. Tenha certeza de que a outra pessoa vai olhar para ver se seus gestos espelham as suas palavras – assim, mantenha-os abertos e positivos.

Para falar de expressão facial, temos de nos referir ao maior pesquisador nessa área, Paul Eckman. Ele definiu a teoria básica das emoções dizendo que elas geram ativação fisiológica (reação no corpo), comportamentos expressivos (reação no meio) e experiências consciente e não consciente. Em seu estudo, definiu as sete emoções básicas e universais: raiva, alegria, surpresa, medo, tristeza, desprezo e nojo.

Para Eckman, cada emoção produz uma série de movimentos musculares. Os unilaterais geralmente estão associados a sentimentos negativos; a raiva mobiliza um único músculo, que é liso, o retrator da pálpebra inferior. O interessante é que esse é um músculo de controle involuntário... Portanto, não dá para disfarçar. Quando você se enfurece por causa do pedido absurdo de seu chefe ou da falta de entrega de seu subordinado, pode ter certeza de que a raiva transparece. Depois, você pode até conseguir mudar, mas a microexpressão é claramente identificada e o deixa na mão.

É incrível como nossa face é indiscreta. E exibida! É a parte do corpo que mais se mostra durante a vida e, calcula Eckman, exibe mais de dez mil expressões. A face é única, é uma matriz de cada indivíduo, não há duas faces iguais; mas há padrões de comportamento facial que são comuns e passam de geração a geração. Na prática, a expressão facial funciona como adaptação.

Conheça a descrição de Paul Eckman para as emoções básicas e universais:

- Alegria: relacionada a bem-estar e sentimentos positivos. Movimentos: franzir horizontal da face, testa franzida, elevação da pele da testa, elevação das sobrancelhas, das pálpebras, contração das pálpebras inferiores, olhos dilatados e semicerrados, contração das têmporas. Na alegria, o pensamento é rápido, ao contrário na tristeza.
- Nojo: emoção negativa, pode ser confundida com a cólera. Movimentos: testa franze para baixo, sobrancelhas caem, pálpebras superiores se contraem horizontalmente, raiz do nariz se eleva, bochechas contraem e sobem, queixo contrai-se para o centro e para cima.
- Cólera: envolve diversas experiências diferentes; é muitas vezes uma defesa contra a agonia. Movimentos: sobrancelhas caem, a testa enruga, olhos e boca cerrados, contração da raiz do nariz, dilatação das narinas, contração do queixo.
- Desprezo: sentimento de superioridade; ligado ao poder e ao estatuto. Movimentos: queixo elevado, uma parte do canto da boca eleva-se ligeiramente.
- Medo: estado interno do indivíduo, associado ao perigo. Movimentos: elevação da pálpebra inferior, queixo caído, abertura horizontal da boca, elevação e junção das sobrancelhas.
- Surpresa: é a mais sumária das emoções, dura apenas alguns segundos. Movimentos: olhos semiabertos, dilatação das narinas, elevação das bochechas, boca aberta em forma de elipse, queixo elevado.
- Tristeza: provoca resignação e desespero, desagrado, desilusão, rejeição, desencorajamento e culpa. Movimentos: sobrancelhas caídas e juntas, pálpebras também caídas, narinas contraídas em movimentos descendentes, raiz baixa do nariz, bochechas imóveis, boca fechada, contraída, queixo tenso e franzido.

Em relação à mentira Eckman lembra que há incongruência entre o verbal e o não verbal e tendência a se tapar a boca. Pessoa atraente tem mais credibilidade, olha que perigo! Há comportamentos como tocar o nariz, esfregar os olhos, cobrir a boca, agarrar as orelhas, aumento dos movimentos dos membros inferiores etc. Pega na mentira! Parece que não tem muito jeito...

Observação: emoções falsas produzem expressão assimétrica; o início (*onset*) e o fim (*offset*) são abruptos e rápidos e há incongruências com o discurso verbal. Sorrisos falsos movimentam apenas a parte inferior do rosto, sem a participação dos olhos. Sabe aquela sensação do sorriso amarelo? Todos percebem e ninguém se convence. Quer sorrir de verdade? Sorria com o rosto todo.

E as mulheres? O Imelco, que aplica a metodologia desenvolvida por Eckman, alerta para a questão do sorriso. É um sinal não verbal bastante intenso para demonstrar postura agradável e de amizade. Importante para aproximar as partes. Porém, como nenhum excesso é bom, as mulheres devem ter consciência de que, quando com muita frequência ou de modo inadequado, fora do contexto, sorrir também pode ser visto como um sinal de submissão. Nessas situações, perde-se credibilidade. Pior: pode dar a impressão de uma abertura inadequada, confundindo o interlocutor. Tome cuidado!

Ao estudar esses dados de modo mais profundo, concluímos que, na verdade, é tudo muito complexo. Várias coisas podem interferir. A melhor forma de lidar com isso é agir com naturalidade e na hora sentir o que vai dizer, resgatar a emoção daquele tema ou evocar situações semelhantes na sua mente.

FAÇA VOCÊ MESMO

Explore seus recursos não verbais

- Vista-se de acordo com a liturgia do seu cargo.
- Cuide do seu ambiente e deixe-o sempre impecável.
- Escolha com atenção e conserve muito bem seus acessórios.
- Mantenha a base de seu corpo bem apoiada e estável.
- Divida o peso do corpo de modo simétrico nas duas pernas.
- Mantenha o tronco ereto e confortável.
- Ao sentar, apoie os quadris de forma equilibrada e volte o tronco para seu interlocutor.
- Coloque os braços em posição que permita gestos naturais.
- Segure o microfone com firmeza e mantenha-o imóvel.
- Relaxe a face para permitir as mudanças de expressão de acordo com o conteúdo.
- Mantenha corpo e rosto alongados e relaxados para que expressem aquilo que você sente.
- Olhe sempre para seu interlocutor.
- Diante de mais pessoas, passeie seu olhar por todos.
- Seja sincero.
- Sinta-se muito bem!

COM QUE VOZ EU VOU – RECURSOS VOCAIS

A fala espontânea tem como característica a imprevisibilidade. Quando falamos, modificamos o padrão de acordo com o conteúdo, com os sentimentos e as emoções envolvidos. Esse processo é o contrário de uma emissão artificial, na qual a previsibilidade nos desmotiva a ouvir a mensagem, a monotonia faz com que a nossa mente se disperse. Lembra da cerimônia de colação de grau de seu sobrinho, quando o paraninfo começou a ler um discurso de cinco páginas? Pois é! Rapidinho você começou a pensar em como seria a noite, o que você faria depois... Além dessa característica, sabemos que ninguém confia em quem não parece natural. Um padrão falso de comunicação gera desconfiança imediata, como se tivesse algo por detrás, alguma intenção obscura. Portanto, temos que buscar a naturalidade, a impressão de espontaneidade para atingir o nosso objetivo.

Para que isso ocorra, dois pontos são fundamentais: temos que produzir a nossa fala de modo eficiente e sem esforço e usar recursos para garantir a expressividade.

Produção da fala

Definimos anteriormente o mecanismo de produção da nossa voz. Falamos, ainda, que esse processo simples pode acontecer a partir de várias possibilidades de ajustes. Nem sempre escolhemos o melhor padrão. O conceito de uma "voz bonita" é sempre muito subjetivo. Dependerá de como e para qual propósito está sendo usada. Cada ouvinte tem a sua preferência. Ainda bem, senão poucos cantores conseguiriam fazer sucesso.

Agora, o conceito de uma voz saudável não admite controvérsias: é aquela produzida com eficiência e sem a presença de esforço. Se você fala num determinado momento um pouco mais que seu habitual e a sua garganta dói, sente o esforço ou cansaço, o padrão está inadequado. Tente diminuir a intensidade, distribuir melhor o trabalho e articular de modo mais amplo. A fala bem produzida acontece com equilíbrio de ressonância, com boa projeção e com articulação precisa.

Há que se cuidar também do tom da voz, que pode ser grave, médio ou agudo. Várias pesquisas apontam a voz grave como a preferida na vida profissional, por estar atrelada a impacto de maior credibilidade, autoridade e comando. Vozes agudas em adultos denotam infantilidade, imaturidade e despreparo. Lembre-se de que a voz constrói percepção e o outro reage imediatamente. Então, cuide dela para garantir a resposta esperada.

Além das características físicas que influenciam nosso tom, fatores comportamentais têm um peso bastante grande e está ao nosso alcance modificá-los. Tensão muscular excessiva deixa a voz aguda. Você se lembra da última vez que você perdeu as estribeiras? Sua voz afinou em um grito quase histérico, não foi? Aí você perdeu a parada...

Observe, também, o seguinte: as vozes femininas muitas vezes agudizam nas extremidades das frases, como se estivessem fazendo uma pergunta ou pedindo aprovação. Cuidado! Ao afirmar a sua opinião, tenha voz firme e convicção no que diz. Isso fatalmente lhe dará credibilidade e liderança.

Existem ainda muitos fatores que interferem positiva ou negativamente na nossa voz. Há também vários mitos em relação ao que faz bem ou faz mal. Assim, trazemos agora uma lista de itens com a descrição de seu impacto na voz, para que você possa fazer melhores escolhas, apropriando-se do que é bom e controlando os eventuais fatores negativos:

Hidratação: água é essencial para a boa produção da voz. Há três maneiras de manter a boa hidratação da laringe: ingerir em média dez copos de água por dia, especialmente antes e durante a atuação profissional; instilar soro fisiológico, três vezes em cada narina, três vezes ao dia, de preferência morno; inalar o vapor d'água por cerca de dez minutos, antes de dormir (as duas últimas maneiras evitam o risco de ter que correr para o banheiro...). A água à noite, antes de dormir, não é recomendada para a maioria das pessoas por causa do refluxo. Quando estiver falando e sentir a boca seca, é interessante dar pequenas mordidas na ponta da língua para aumentar a salivação.

Fumo: o cigarro provoca edema nas pregas vocais e diminuição no movimento dos cílios das células do aparelho respiratório, o que provoca aumento da viscosidade do muco e necessidade de pigarrear. É questão de avaliar e considerar o prazer e o prejuízo..., mas o efeito é cumulativo e a intensidade varia de pessoa para pessoa. Quer saber, larga logo essa droga!

Álcool: os fermentados praticamente não têm efeito na voz (vinho, cerveja, champanhe...). O álcool destilado aumenta a rigidez da mucosa com o tempo e no momento em que é ingerido, provoca um período de "pseudoanestesia" da garganta, o que faz com que frequentemente façamos força para falar, sem perceber. É o caso do uísque, da vodca, do conhaque... que geralmente bebemos em grupo, em ambientes ruidosos, falando mais alto. O álcool rouba a água do nosso corpo, portanto, beber água junto pode ser um bom antídoto.

Alimentação: o efeito dos alimentos na voz dura cerca de três horas após a ingestão; assim, é interessante evitar ingerir antes de atuar profissionalmente:

- leite e derivados, que aumentam a quantidade e a viscosidade do muco no aparelho respiratório;
- alimentos gordurosos ou muito condimentados, que dificultam a digestão e interferem na movimentação do diafragma, músculo que deve apoiar nossa emissão da voz;
- café, chocolate e chá preto, que desidratam a mucosa das pregas vocais;
- refrigerantes, cujo gás interfere na digestão e prejudica o apoio do diafragma.

Por outro lado, é interessante realizar refeição leve antes de atuar e dar preferência a:

- sucos cítricos, que aumentam a salivação e, ao promover maior número de deglutições, relaxam a musculatura da garganta;
- líquidos quentes, como chás, que melhoram a circulação e dão mais conforto;
- frutas duras, que ao serem mastigadas preparam os músculos articuladores; a maçã, em especial, contém pectina, substância que higieniza a cavidade oral;
- mel, de preferência associado a limão, que promove boa condição de utilização da voz. É necessário tomar cuidado com o própolis, que pode agir como irritante da mucosa da faringe, e com o gengibre, irritante da mucosa gástrica;
- sucos cítricos ou chá de frutas/ervas e muitos grãos (tipo granola), que ao serem mastigados "despertam" e preparam a musculatura perioral para a fonação. Devem ser consumidos no desjejum por quem atua nas primeiras horas da manhã.

Sono/repouso: quando conseguimos boas condições de repouso e número de horas de sono suficientes, nossa voz é produzida da melhor maneira. Quando nos sentimos cansados, a primeira coisa que economizamos é a articulação, passamos a falar movimentando pouco a boca e isso transmite como nos sentimos; portanto, vale a pena ficar atento e procurar movimentar bem a boca nessa situação. Cuidado, também, porque a falta de descanso dificulta o resgate da memória e atrapalha a construção das frases.

Medicamentos: alguns interferem na voz, e seu uso deve ser bem avaliado. O ácido acetilsalicílico (Aspirina, AAS, Buferin...) aumenta a probabilidade de hemorragia na prega vocal. Os remédios para emagrecer geralmente contêm diuréticos, que fazem com que o corpo perca água, aumentando o risco de trauma nas cordas vocais. Os antialérgicos ressecam a mucosa das pregas vocais. Os calmantes aumentam a imprecisão articulatória. Os anticoncepcionais podem provocar inchaço nas pregas vocais, assim como os corticoides. Lembre-se: antes de tomar qualquer remédio converse com seu médico.

Temperatura: as baixas temperaturas, principalmente quando associadas à pouca umidade do ar, podem provocar inflamação e ressecamento de todo o trato vocal, tornando-o mais sensível, por vezes dolorido. Líquidos quentes e ricos em água, como os chás, funcionam bem. Os gelados promovem vasoconstrição, prejudicando a circulação do sangue e da linfa. Quando é inevitável tomar sorvete, é interessante tomar água na temperatura ambiente logo em seguida para favorecer a retomada da temperatura normal do corpo, sem grande gasto de energia. O importante é evitar o choque térmico: agasalhar-se quando for entrar no ambiente com ar-condicionado após voltar da rua com muito calor, por exemplo.

Ar-condicionado: apesar do grau de sensibilidade ser individual, o ar-condicionado retira a umidade do ambiente e a nossa própria também. A umidade é essencial para o bom funcionamento das pregas vocais; portanto, o "antídoto" é tomar mais água e evitar o ar-condicionado ao máximo, principalmente no carro e diretamente no rosto, se você for mais sensível.

Exercício físico: sentir-se bem fisicamente é essencial para a voz se manter boa. Caminhadas e exercícios de alongamento são indicados para todos. Cuidado com a musculação, especialmente de membros superiores, que pode tensionar a laringe. Nunca converse enquanto faz esses exercícios e procure sempre soltar o ar pela boca durante a atividade para evitar choque entre as pregas vocais. Se você é alérgico ou tem sinusite, cuidado com a natação, pois o cloro da piscina pode acentuar o quadro.

Vestuário: as roupas não podem, de maneira nenhuma, pressionar a região da garganta e do diafragma (cintura). Prefira tecidos leves e fibras naturais, sapatos confortáveis e solado de couro.

Hábitos inadequados: a mania de pigarrear ou limpar a garganta, principalmente antes de começar a falar, provoca um choque mecânico entre as pregas vocais quando não há secreção. Em vez de pigarrear, é mais interessante engolir a saliva de maneira intensa ou, preferencialmente, beber um gole de água. A tosse improdutiva (seca, sem catarro) também deve ser evitada. Quando possível, é interessante evitar ambientes empoeirados e não falar quando o local estiver ruidoso. Outro hábito inadequado é o uso de *sprays* e pastilhas para a garganta, devido ao efeito anestésico, que provoca maior esforço.

Uso da voz: o problema mais comum consiste na utilização vocal com esforço, excesso de tensão muscular ou concentração de toda a energia na garganta. Essa maneira de falar infelizmente é frequente em profissionais da voz; parece ser um ajuste que nos dá a falsa impressão de controle sobre a nossa emissão. Geralmente, leva a quadros de disfonias, no início, ocasionais, que podem se tornar crônicos.

Para evitar o problema, é interessante alongar os músculos da nuca, região cervical, braços, pescoço e boca. O bocejo é bastante indicado, e espreguiçar-se várias vezes ao dia também auxilia. Deve-se desenvolver como hábito o gargarejo durante o banho, com água morna, que relaxa a musculatura da garganta e melhora as condições de circulação. O grito é hábito inadequado e, quando necessário, deve ser feito com apoio do diafragma.

Aquecimento e desaquecimento vocal: falar profissionalmente para grupos pequenos ou grandes com todo o estresse que a condição provoca equivale ao desgaste físico-muscular de uma corrida. Ninguém começa a correr de repente, sem um aquecimento prévio da musculatura, nem para de repente, sem dar condições para o corpo compensar o esforço despendido e voltar ao normal. Quando a atuação profissional se inicia logo pela manhã, a necessidade do aquecimento é ainda maior, já que ao acordar as pregas vocais estão inchadas e a voz é bem grave. Já tentou disfarçar quando você é acordado pelo telefone? Não engana ninguém!

Expressividade

Já citamos aqui a importância de um padrão de fala que se modifique de acordo com o conteúdo e que seja surpreendente, imprevisível. Além do que mostramos em relação aos recursos não verbais, podemos também variar nosso modo de falar usando estratégias que nos permitem interpretar, dar a forma coerente para aquilo que dizemos. Para tanto, temos a ênfase, a pausa, a curva melódica, as variações de velocidade e de intensidade e a duração das vogais.

A ênfase é um grifo, um destaque que damos ao que é mais importante na frase. Ao enfatizarmos determinado trecho, colocamos de modo claro a nossa opinião, o nosso juízo de valores. Esse é um acréscimo importante.

Além disso, a ênfase elimina qualquer risco de a emissão parecer monótona: o aumento da intensidade, do tom, a articulação mais equilibrada daquele trecho o destaca e muda o ritmo da frase que está sendo dita. A fala ganha também mais entusiasmo, mais emoção. O que será enfatizado é uma escolha pessoal, aqui não há certo ou errado. Porém, o critério a ser considerado é o da importância da palavra ou expressão. Cuidado para não entrar num padrão vicioso e enfatizar sempre os verbos, a última ou a primeira palavra da frase... Sinta o que você está dizendo!

As pausas têm objetivo didático. Determinam blocos com significado próprio de conteúdo. Assim, se eu tendo a não usar pausas no meu discurso, passo a impressão de que não estou nem aí com a compreensão do outro; ao contrário, se uso pausas excessivamente, parece que penso que o outro é um ignorante! Forte, não? Veja como um detalhe pequeno, como a pausa, pode produzir estrago ou sucesso como resultado... Além disso, não tenha medo de ficar em silêncio por um tempo curto. Os efeitos podem surpreender você e plateia. Como Lance Morrow, ensaísta da *Time Magazine*, aconselha: "Nunca se esqueça do poder do silêncio, essa pausa maciçamente desconcertante que acontece por um determinado tempo e pode, afinal, induzir o adversário a balbuciar e recuar, nervosamente". É muito poder!

A curva melódica é bem interessante: quando falamos de algo alegre, festivo ou surpreendente, a tendência é usarmos uma curva ascendente. Ao contrário, quando o conteúdo é mais sério, até triste, a curva fica descendente. E nas informações de conteúdo mais neutro, objetivo, sem muita emoção, a frase fica linear. O natural, portanto, é variarmos as finalizações de acordo com o conteúdo. É isso que garante a imprevisibilidade e nos faz tão interessados em ouvir aquela pessoa especial contar sua história.

Ao falarmos de modo mais rápido, ressaltamos o lado dinâmico, ágil da mensagem. Ao falarmos mais lentamente, ressaltamos o que dizemos e reforçamos a emoção.

A intensidade de fala tem a ver com o limite de cada um, e, também, pode e deve variar. Quando falamos mais alto, damos mais valor à informação, remetemos a algo mais entusiasmado. Mas temos que ter cuidado para não exagerar e invadir o limite do outro; se o outro for mais forte, ele pode nos "bater", e, se for mais fraco, ficará na defensiva – lembra que falamos sobre a busca desse equilíbrio ao tratar de assertividade? Quando diminuímos a intensidade, evocamos o tom do segredo, que costuma atrair a atenção rapidamente! Experimente fazer isso em sua próxima reunião e observe.

A duração das vogais tem relação com o grau de objetividade. Basicamente, vogais mais curtas remetem a dados bem objetivos, enquanto vogais prolongadas produzem a ideia de mais subjetividade. Quando você for questionado sobre algo que é inegociável, responda com vogais bem curtas para não abrir possibilidade de discussão e deixar claro que é aquilo. Agora, quando o papo for com a cara metade, use e abuse das vogais prolongadas, que vão soar como chamegos.

Na prática, todos esses pequenos detalhes, unidos, compõem a nossa mensagem e procuram estar de acordo com ela. A orientação principal é que estejamos sempre muito bem preparados para o que vamos dizer, que conheçamos, no fundo, os conceitos envolvidos, e que, no momento da comunicação, possamos naturalmente nos apropriar do que estamos dizendo. Assim, voz, fala e corpo atuarão de modo harmonioso como uma grande orquestra produzindo a mais maravilhosa melodia.

FAÇA VOCÊ MESMO

Explore seus recursos vocais

- Produza a sua voz de modo suave, sem fazer força.
- Atenção para os fatores que ajudam ou atrapalham a saúde de sua voz.
- Capriche na amplitude dos movimentos de sua boca, para ganhar clareza e credibilidade.
- Distribua a ressonância do som nas três cavidades: laringe, boca e nariz.
- Relaxe seu pescoço para garantir um tom de voz mais agradável.
- Dê ênfase aos trechos mais importantes do seu discurso.
- Respeite as pausas naturais, que separam diferentes conteúdos, e use pausas estratégicas para surpreender.
- Faça variações de curva melódica, de velocidade e de intensidade conforme o conteúdo.
- Mude a duração das vogais para dar mais ou menos objetividade.
- Observe sua voz, explore sua riqueza e surpreenda!

Situações de comunicação

Minutos após o silêncio que se fez na sala, o executivo que recebia o candidato a uma vaga lembrou-o de que ele já trabalhava na empresa; portanto, quem tinha de ter a iniciativa naquele momento era quem buscava o emprego por lá, e não quem estava empregado. Diante da hesitação do pretendente, engatou a pergunta: "Qual é a sua história?". Se você não for capaz de vender a si mesmo, seu conhecimento e seu potencial, não importa quão qualificado você é. No mundo, há milhares de pessoas em busca de oportunidade, gente necessitando de investimento para tocar seu negócio e parceiros para transformar a sociedade. Vencem os que tiverem a melhor história para contar ou os que contarem sua história da melhor maneira.

As histórias atraem as pessoas, captam sua atenção e são mais facilmente memorizadas do que listas de regras. Isso ocorre porque as histórias constroem rapidamente percepção, geram conexão imediata e nossos interlocutores se abrem para receber novas ideias. Uma boa história predispõe o outro a fazer a sua parte no processo de comunicação, mantendo-se atento, aberto e interessado. Para liderar, é preciso criar uma narrativa que aglutine as pessoas numa realização ambiciosa. Ou seja, devemos buscar histórias que mobilizem o que de melhor temos, como potencial para convencer da importância de cada pessoa naquele enredo e do que se pode alcançar percorrendo o caminho em conjunto.

Sempre é possível pensar em algo e encontrar algum fato para ilustrar as nossas mensagens. É preciso estar de olhos e ouvidos abertos, antenados em nossos ambientes para captarmos o que possa servir de exemplo, de analogia, algo cuja "moral da história" sirva de suporte para aquilo que queremos transmitir. Podemos utilizar informações vindas de filmes, livros, peças de teatro, notícias recentes, fatos ocorridos em âmbito mais geral ou até particular. Situações que aconteceram conosco, no nosso cotidiano, geralmente compõem ótimas histórias reais, curiosas e interessantes.

Um velho conhecido nosso, sempre que se deparava com algum amigo a lamentar pela morte de um parente, consolava-o lembrando que aquela pessoa não morreria enquanto houvesse alguém para contar a história dela. Em lugar de lágrimas, sugeria: leve adiante seus feitos e os defeitos, claro, pois todos eles fazem parte do enredo da vida. O conhecimento popular se justifica porque somos os protagonistas de nossa história – disso não devemos jamais abrir mão –, na qual podemos identificar personagens, tramas, desafios, grandes fracassos e decepções em um enredo capaz de se transformar em um campeão de audiência se envolvido por uma narrativa inspiradora e criativa.

Passariam despercebidos muitos dos acontecimentos se não existissem as histórias contadas a lhes dar significado. É o sentido que daremos a essa narrativa que poderá definir nosso futuro na empresa, na carreira e na perpetuação de nossa imagem ou nossa história no grupo social e familiar em que vivemos. Mais do que produtos, as pessoas compram histórias, e isso explica o sucesso de algumas marcas, assim como de seus líderes. Se ainda não é esse o seu papel, o de liderar empresas ou grupos de trabalho, esteja pronto para contar sua própria história e comece a liderar a sua carreira.

O candidato que inspirou a história do início deste capítulo estava muito bem preparado, não se assustou diante da pergunta do recrutador e contou seus feitos e fatos, conseguiu a vaga!

CONVENCER PARA VENCER

Contar uma história é recurso que ajuda nossa mensagem ser transmitida de forma clara e impactante. Resultado que somente será alcançado se, antes, estiver muito bem definida a sua intenção no projeto ao qual se propõe levar em frente, que pode ser o emprego em uma empresa, a criação de um negócio ou a melhoria no desempenho de sua equipe. Muitos são os passos até que nossa história seja apresentada. Um dos principais é encontrar argumentos persuasivos que convençam seu público: uma tremenda audiência ansiosa pelo conhecimento do palestrante – que é você – ou um indivíduo disposto a recrutar um novo talento – que pode ser você. Saber quem queremos ou precisamos alcançar para atingir nossa meta ajuda na elaboração do argumento que buscamos.

Argumentar é a arte de convencer e persuadir, diz Antonio Suárez Abreu, que dedica seu trabalho à linguagem como instrumento de comunicação. Ele entende por convencimento a capacidade de gerenciar informação levando os demais a pensarem da mesma forma que você, atuando no campo das ideias. A persuasão, por sua vez, é a capacidade de gerenciar a relação, de interagir com o outro, sensibilizando-o a fazer alguma coisa que você pretenda. Enquanto convencer fala à razão do outro, persuadir fala à emoção.

Abreu reforça nossa premissa para uma história transformadora que é a de se ter uma tese definida, e alerta para a importância de sabermos para que tipo de problema essa tese é resposta. Trazendo a questão para nosso cotidiano, não basta você ter um discurso e qualidades de oratória incríveis se sua mensagem não atender à expectativa do seu público. Sua proposta terá baixa adesão se o seu interlocutor não se identificar com ela e não encontrar nela solução para seus problemas e respostas para suas perguntas.

Ninguém tem tempo a dedicar apenas para idolatrar um orador. As pessoas se propõem a ouvi-lo se acreditarem que podem ter alguma vantagem naquele processo de comunicação. Nesse sentido, deve-se falar menos de si e do que se quer e mais do outro e do que é importante para ele. Mesmo porque, como ensina Abreu, convencer é vencer junto com o outro e persuadir, ter certeza de que o outro também ganha com aquilo que ganhamos. Em uma atuação pautada na ética.

VOCÊ, PESSOA FÍSICA

A comunicação moderna pressupõe cumplicidade, e parece-nos que não há mais dúvida nessa questão. O orador de voz grave e leitura empolada que despeja seu conhecimento na certeza de que suas qualidades profissionais são suficientes para manter a atenção do público vai acabar falando sozinho, mesmo que as cadeiras continuem ocupadas. É preciso proximidade com o auditório, mudar o tom da voz, olhar no olho, fazer com que as pessoas se movam em sua direção em sinal de interesse e transformar seu discurso em uma conversa. Não estranhe, porém, o que vamos dizer a seguir: seu discurso não é uma conversa, ele apenas tem de se parecer com uma. Conversa temos em casa com a família, no bar com os amigos e ao discutirmos o relacionamento com nosso parceiro. São os momentos em que atuamos com espontaneidade e tendemos a ser coloquiais na fala, é quando temos o direito – não o dever – de fugir das formalidades e dos requintes gramaticais.

Agora, fique muito atento: mesmo no cenário em que a linguagem familiar ou coloquial pode ser empregada, cada vez mais precisamos estar atentos para o fato de que os conceitos de público e privado têm sofrido modificações e suas fronteiras, além de tênues, são móveis, conforme o tempo e a sociedade. Se na Grécia Antiga, público era o espaço dos cidadãos e nos remetia à sociedade dos iguais; no fim do século XV, com o advento dos Estados nacionais, transformou-se no ambiente em que os desiguais se relacionam sob a regulação dos governos. Atualmente, o pacto social que mantém essas relações se fragiliza e com ele o direito à privacidade.

A princípio, o que faço em família não interessa ao mercado e à minha empresa; mas, se impactar minha imagem e produtividade, a discussão na sala de casa vai migrar para o escritório do chefe. Essa fragilidade cresce à medida que novas tecnologias nos expõem. Da câmera de vigilância pronta para flagrar o ladrão às câmeras nos celulares capazes de viralizar um vídeo poucos minutos após ser publicado, da mensagem eletrônica enviada a um amigo ao comentário polêmico que faço em um grupo supostamente fechado na internet; todos esses canais podem, eticamente ou não, tornar público o que era privado.

Nosso objetivo nesse caso, porém, não é entrar em um debate de caráter jurídico e sociológico sobre esse fenômeno a que assistimos ao vivo e em HD na era digital. É chamar a atenção para o fato de que a forma como nos comunicamos na esfera privada influencia a pública. Desde os primeiros capítulos deste livro, temos dito que nossa voz conta nossa história, a qual é impactada por fatores físicos, psicoemocionais e socioculturais. É essa diversidade que nos constrói. É impossível acreditar que somos um em casa e outro no trabalho. Somos únicos, apenas adaptamos nossas qualidades a cada ambiente.

Se não prestarmos atenção nos valores e vocabulários desenvolvidos em nosso cotidiano na relação com os grupos que fazem parte da nossa vida privada, de alguma maneira isso se refletirá nos momentos em que estivermos com nossos colegas de trabalho ou representando nossa empresa. Por mais que no mundo corporativo possamos ser identificados por um CNPJ, jamais deixaremos de ser um CPF.

Aprendida a lição, por favor, não vá trocar a ordem das coisas, levando para dentro de casa a formalidade do escritório, burocratizando suas relações e registrando as conversas em atas a cada almoço dominical em família. A vida ficaria muito chata. Pelo contrário, precisamos prestar atenção em nosso comportamento em ambiente privado, olhar para a maneira como falamos e identificar nossas características de comunicação com as pessoas mais próximas – os amigos e parentes, por exemplo –, para, então, explorá-las no corporativo. É nessas situações que podemos enxergar nosso próprio potencial de comunicação, saber o que atrapalha nosso relacionamento com as pessoas e os aspectos que mais nos aproximam dos outros. Ao fazer a lição de casa, conseguiremos traçar um perfil melhor de quem somos e ter uma dimensão da nossa capacidade de nos comunicar. Diante dessas informações e adaptando-as para as situações profissionais, levaremos para essas relações o que temos de mais rico na vida privada, do ponto de vista da comunicação: a naturalidade.

Ao reproduzir, em uma situação de fala profissional, a forma espontânea com que costumamos conversar com as pessoas que compartilham nossa intimidade, aumentamos a possibilidade de ganhar a confiança daqueles com quem estamos interagindo. É da natureza do ser confiar em quem é natural – você lembra que já falamos disso, não lembra? Nesse caso, porém, temos de ter atenção redobrada, pois sabemos que existem códigos específicos em cada área, não sendo natural, por exemplo, que você vista aquele bermudão do fim de semana durante a reunião no escritório, por mais à vontade que você se sinta. Assim como não o é, repetir na apresentação do plano de negócios da sua empresa o vocabulário mais despachado que costumamos ter quando jogamos futebol com os amigos. Precisamos entender qual personagem estamos protagonizando. Em cada situação, uma atuação!

Ao levar para o público a analogia que costumava usar no privado, o executivo Paulo Zottolo percebeu o impacto dessa prática na carreira. Em 2007, em entrevista ao jornal *Folha de São Paulo*, na qual se referia a movimento político de empresários por menor intervenção do governo na economia, Zottolo, na ânsia de mostrar a força e o respeito que o Brasil merecia, disse que "não se pode pensar que o país é um Piauí, no sentido de que tanto faz quanto tanto fez. Se o Piauí deixar de existir, ninguém vai ficar chateado". O Piauí tinha muito mais força do que ele imaginava: protestou, ameaçou boicotar os produtos da Philips, recebeu o apoio de lideranças de vários estados e levou o empresário e a empresa a pedirem desculpas publicamente. No ano seguinte, Zottolo deixou o comando da fabricante holandesa.

Jamais vamos agir na vida pública da mesma maneira que na privada. Nem devemos. Para falar na esfera corporativa, cumpre-se um ritual que dá sentido ao discurso, torna a comunicação eficaz e procura seduzir. A naturalidade que admiramos nos grandes oradores é obra de exercício diário e muito treinamento. Assim como um ator que ensaia exaustivamente antes de subir ao palco, os oradores também usam recursos artificiais para representar um personagem que, às vezes, se parece muito com ele. Quanto mais parecido for, melhor será o resultado. Naturalmente!

PRONTO PARA SER NOTÍCIA

Nos meios de comunicação, o espaço é dedicado aos fatos relevantes, positivos ou negativos, apesar de o senso comum entender que estes últimos são os preferidos dos jornalistas. Não nos cabe aqui discutir essa e outras verdades absolutas – há quem acredite nelas –, existem fóruns e livros mais apropriados para tal. O que queremos é mostrar que há necessidade de ser relevante para ganhar as manchetes, é preciso ser notícia! Profissionais de comunicação corporativa se dedicam a essa prática e usam sua experiência para ajudar empresários e empresas a se destacarem; algumas vezes, para conter crises e reduzir prejuízos à reputação. Usar essas técnicas pode lhe ajudar a ser notícia. É possível que essa afirmação lhe cause estranheza, pois no desenvolvimento de sua carreira, você jamais pensou na possibilidade de aparecer na primeira página de um jornal, no noticiário de uma rádio ou televisão ou na capa de um portal de internet. Aliás, você nem tem interesse de que isso aconteça e entende que o melhor a fazer é se manter distante dos jornalistas.

Ser notícia, para nós, é se transformar em algo novo ou um acontecimento de destaque no nosso meio social e profissional. Portanto, o convite que fazemos não está necessariamente ligado a você ter seu nome citado em qualquer meio de comunicação. Sim, porque uma ideia que você emplaque na empresa em que trabalha ganhará relevância e isso será notícia entre os seus colegas, não no *Jornal Nacional*. O projeto que você está desenvolvendo no seu departamento pode ser uma grande notícia para os acionistas, apesar de não ter *status* para ser publicada no *Valor Econômico*. Por isso, defendemos desde o início deste livro que você esteja preparado para se comunicar bem e fazer desses casos notícia, pois isso beneficiará você e sua carreira. Vai ajudar sua empresa também.

Preocupados em não perder nenhuma oportunidade que se ofereça, há empreendedores que têm dedicado parte do seu tempo a aprender as técnicas de comunicação necessárias para vender melhor suas ideias. Ou seja, querem ser notícia para investidores e parceiros. Como nunca se sabe quando essa chance surgirá nem em que lugar estará, desenvolvem os mais criativos artifícios a partir de um programa conhecido nos Estados Unidos como "Elevator Pitch", que, em tradução livre, pode ser chamado de "Discurso de Elevador". Seus defensores costumam propor a seguinte situação: você entra em um elevador, encontra o multimilionário Bill Gates e tem de vender para ele a sua ideia antes que a porta se abra no andar térreo. A cena pode ser um pouco forçada, pois encontrar o criador da Microsoft em um elevador seria algo tão inusitado quanto ganhar o prêmio da Mega Sena – mas assim é posta para levar à reflexão sobre nossa capacidade de, ao encontrar uma pessoa que pode fazer a diferença no nosso destino, transmitir uma mensagem precisa, mesmo diante de um tempo curto e em um local inusitado. A intenção é nos preparar para, no máximo em três minutos, fazer aquela apresentação matadora. Lembre-se de que, se Gates no elevador é um mito, executivos e investidores em um saguão de aeroporto e no auditório de seminário não chegam a ser um lance de sorte. São oportunidades!

O primeiro aspecto que devemos levar em consideração é que ninguém fecha um negócio em tão pouco tempo. Seria uma ilusão. O propósito do "discurso de elevador" é provocar a curiosidade do interlocutor, fazer com que ele demonstre interesse em estender a conversa e marcar um novo encontro, quando você terá melhores condições de aprofundar seu projeto. Foi o que aconteceu com Ricardo Bellino, que, em três minutos de reunião, convenceu Donald Trump a ser seu sócio em um empreendimento imobiliário. Nada, porém, foi por acaso, nem tudo resolvido tão rapidamente. Bellino foi apresentado por um amigo em comum de Trump, John Casablancas, com quem também mantinha relações comerciais. Trump aceitou ouvi-lo e ficou convencido de que havia um bom negócio a ser feito, mas que só foi concretizado após exaustivas discussões com executivos da Trump Organization. O discurso de Bellino rendeu fama, livros e outros negócios, mas, curiosamente, o projeto com Donald Trump fracassou no Brasil. Essa, porém, é outra história.

Bellino ensina que, antes de contar o seu projeto, você deve estar convencido dele, pois é preciso transmitir entusiasmo e otimismo, qualidades que considera altamente contagiosas. Terri Sjodin, consultora de empresas que se dedica ao tema, propõe que você pergunte a si mesmo: "O que quero que aconteça como resultado do meu discurso de elevador?". Assim, você define a sua intenção, sem a qual, nem que você pague para o ascensorista travar o elevador no meio do andar, não sairá de lá com qualquer expectativa.

A falta de definição desencadeia uma série de erros, a começar por revelar nossa insegurança em relação à mensagem a ser transmitida. Se não sabemos nosso propósito, tendemos a usar dados em excesso e trabalhamos com informações desnecessárias, ao menos para aquele primeiro encontro. Precisamos provocar o interlocutor a tomar uma atitude – levar a conversa adiante – e para isso, mais do que dizer o que queremos, temos de deixar claro por que queremos (Sinek já nos falou isso!). De preferência, o que nós dois ganhamos com aquilo. Para Sjodin, se sua apresentação for informativa demais, nada acontecerá, assim como se for agressiva demais. Saibamos, então, equilibrar informação e persuasão, seguindo a Sequência Motivada de Monroe.

FAÇA VOCÊ MESMO

Siga a Sequência Motivada de Monroe

- Como chamar a atenção dele?
- Por que ele vai precisar do que ofereço?
- Como vou satisfazer a necessidade dele?
- Como faço ele enxergar os benefícios?
- Qual é o meu passo de ação?

A sequência, criada por Alan H. Monroe, da Universidade de Purdue, na década de 1930, estrutura discursos com base na psicologia da persuasão. No passo de ação, o último do método, você diz o que quer que seu interlocutor faça e como fazer e mostra o que fará após isso acontecer.

As respostas, adaptadas a cada situação, ajudam você a esquematizar seu discurso, mas não acabam em si mesmas, porque precisamos arrumar maneiras de oferecer essas informações de forma criativa e inovadora. Esteja atento à linguagem a ser empregada, adequando-a ao seu interlocutor e sem nunca se afastar do que para nós é o mantra da boa comunicação: seja simples, direto e objetivo! Isso exigirá esforço extra da sua parte, pois à medida que as mensagens estiverem mais claras será preciso envolvê-las em uma boa história que pode ser a sua própria história.

Reduza a margem de erro trabalhando com assuntos que estejam o mais próximo possível de você e do seu conhecimento. Isso ajudará na busca da naturalidade sobre a qual já falamos. Aliás, aproveite a sua família e seus amigos e teste as mensagens, peça para eles serem críticos. Mas não se entusiasme demais com o que ouvir nem se desespere. Compartilhe com sócios, chame colaboradores e, se estiver a seu alcance, busque um mentor ou um ex-professor disposto a colaborar. Ouça o que ele diz e ouça a si mesmo. Na dúvida, mude, recrie e volte a testar.

Independentemente de você ter três minutos para vender a sua ideia, ou talvez mais, quem sabe menos, tenha consciência de que conhecendo bem o seu negócio e sabendo defender seus argumentos, você estará pronto para quando a porta do elevador abrir.

BRILHE NESTE PALCO

Vamos considerar que o discurso de elevador está na ponta da língua, como costumava-se dizer antigamente, ou totalmente dominado, pronto para ser usado a qualquer instante. Desculpe-nos: o discurso, não. Os discursos! É importante ter argumentos específicos para os diversos temas com os quais nos deparamos no cotidiano, mesmo porque essa técnica não visa apenas vender um produto, um serviço ou uma ideia específicos. Podemos usá-la nas muitas situações que surgem como oportunidade de negócio. Por exemplo, aquele encontro casual com o CEO no *hall* do prédio, com o parceiro de mercado à espera do voo ou com seu futuro investidor na festa da igreja. Para cada caso, um argumento!

Imagine agora que, em lugar do elevador e dos três minutos, lhe foi oferecida a grande chance de falar sobre o seu negócio para um público maior e por mais tempo no palco principal do evento. Você acaba de receber a oportunidade sonhada por milhares de empreendedores e profissionais. A primeira reação que surge é de euforia. Dura pouco. O pavor aparece no instante seguinte à medida que você se enxerga diante da plateia formada por dezenas, centenas, quem sabe, milhares de pessoas, todas com alto nível de expectativa em torno do que você apresentará para elas.

Da mesma maneira que você percebe que esse pode ser o momento da virada na sua carreira, se dá conta do risco de o sonho se transformar em um desastre. Essa mistura de sentimentos contraditórios é absolutamente normal, pois você está sendo realista ao entender a importância da experiência que vivenciará; afinal, quando nos oferecem a chance de falar para grandes plateias – para alguns, mais de duas pessoas em uma sala já é gente suficiente para entrar nessa categoria – não estão nos prometendo o paraíso. Podemos ser um sucesso ou não. A boa notícia – e nós adoramos dar boas notícias – é que tudo (ou quase) depende de você!

Mesmo os mais experientes executivos ficam tensos quando expostos ao público. Para ilustrar essa história, permita-nos citar mais uma vez Max Gehringer, agora como protagonista. Na primeira palestra que fez para um público externo, em 1995, ele passou o dia muito nervoso. Gehringer havia sido contratado por uma agência e receberia cachê para falar a jovens em início de carreira profissional que tinham pago ingresso para o evento – o que, conta ele, já expande o espírito crítico. Como na época trabalhava na Elma Chips, levou batatinhas ao auditório, distribuiu um pacote para cada um dos presentes e disse que, se a palestra não fosse boa, eles ao menos poderiam ficar degustando um ótimo produto para passar o tempo. A partir daí, a simpatia da plateia foi tamanha que os tropeços foram perdoados e o evento transcorreu em clima festivo. Até quando "deu um branco", foi incentivado com generosos aplausos. Aprendeu que um palestrante precisa, logo no início, achar um ponto de convergência entre ele e os presentes. Nesse caso, brinca Gehringer, "foi um suborno gastronômico".

Só os irresponsáveis e loucos não têm medo de nada. Graças a esse sentimento, evitamos caminhar na beira do abismo ou pular entre as rochas no mar, apesar de pessoas autoconfiantes e muito bem treinadas exercerem essas atividades e reduzirem muito o risco de acidentes. Sabemos que para alguns a sensação de andar sobre o palco é tão assustadora quanto essas aventuras; portanto, aprenda com os aventureiros: exercite sua autoconfiança e treine exaustivamente.

Há quem sofra de lalofobia – *lálos* vem do grego e significa loquaz, falante, tagarela –, ou seja, tem pavor de falar em público. As fobias não nascem com a gente, são aprendidas e, portanto, também podemos desaprendê-las. Em casos extremos, consultório e divã ajudam. No seu caso, provavelmente, o que você entende ser medo é respeito. Respeito é bom e conserva a reputação.

Executivos de uma multinacional do setor farmacêutico contam que, na empresa, um colega havia sido convidado para realizar uma palestra para os diretores internacionais, motivo mais do que suficiente para deixar a pessoa tensa. Havia, porém, um agravante: quando nervoso, ele suava muito, a ponto de a roupa ficar encharcada. Sem conseguir fugir do compromisso de se apresentar diante da seleta plateia, treinou tanto quanto seria necessário e seus colegas improvisaram um protetor de axilas para evitar que a camisa e o paletó ficassem marcados. A eficiência da preparação e a segurança com que se apresentou foram tais que, ao fim da palestra, ele nem sequer havia molhado os improvisados "modess" colocados embaixo dos braços.

Mais adiante vamos falar sobre medo e estresse e explicar como seu cérebro reage diante de tudo isso. Por enquanto, esteja convencido de que o medo que surge quando você recebe o convite para uma palestra tem de ser visto como uma provocação da mente para estimulá-lo a superar suas expectativas. Assim, esse momento deve ser pensado e organizado com todo o seu empenho para que sua dedicação seja reconhecida e você possa colher os frutos de um processo complexo e intenso toda vez que se deparar com uma situação de comunicação. Se sua lição de casa foi bem feita para ter um discurso de elevador vencedor, sua tarefa será facilitada, apesar de ainda não estar resolvida.

FAÇA VOCÊ MESMO

A preparação para a palestra pressupõe:
- O domínio do conteúdo.
- As questões práticas da apresentação.
- Os cuidados com a sua fala.

Diante dessa proposta, comece por ter certeza do objetivo de quem o convidou para a apresentação, entendendo qual a expectativa dele e do público que estará presente no evento – seu nível de conhecimento, desejos e área de atuação. Saber o tempo disponível é fundamental para sua organização. Para ter domínio do conteúdo, conheça detalhadamente todo o embasamento para a sua proposição. Identifique os pontos fortes e fracos da sua proposta e analise os dados que caracterizam o ambiente externo, como as oportunidades e ameaças que podem surgir.

Defina a ideia central a ser desenvolvida na palestra. Não a confunda com o tema da palestra. Por exemplo, o assunto é comunicação, mas a ideia central é de que comunicação é uma competência a ser desenvolvida e cada vez mais importante, pessoal e profissionalmente. Dentro dessa ideia, selecione as mensagens principais a serem transmitidas, aquelas que você terá de ressaltar, talvez repetir em diferentes momentos – nunca muito mais de três, se é que você quer aprender com um dos maiores mestres que já assistimos na arte da apresentação, Steve Jobs. Perdão se voltamos a tê-lo como referência, mas ele foi genial!

Um dos conceitos mais poderosos da teoria da comunicação, trabalhada pelo criador da Apple, é a "regra de três". Jobs era fanático por essa ideia a ponto de dividir sua apresentação em três atos, descrever produtos em três recursos e fazer demonstrações em três etapas. Portanto, não nos surpreenderia saber que ele raramente apresentava mais de três mensagens-chave, todas baseadas em slogans que eram memoráveis porque conseguiam ser concisos, específicos e proporcionavam um benefício pessoal (e eis mais uma vez aqui a regra do três aplicada). Acrescente a essas mensagens os recursos que enriquecem a narrativa, tais como histórias, piadas e metáforas.

FAÇA VOCÊ MESMO

Siga os três passos de Gallo:

1. Crie um título com jeito de Twitter.
2. Sustente o título com mensagens-chave.
3. Reforce as três mensagens com histórias, estatísticas e exemplos.

Com tema, ideia central, mensagens-chave e suas referências traçados, defina uma sequência lógica para sua exposição. Para delinear o roteiro é importante que você também estude os recursos visuais à disposição, que têm de ser usados como acessórios a apoiar sua performance, jamais a concorrer com você.

Havendo a possibilidade de reprodução de slides, vídeo e áudio, estes precisam ser planejados e sua apresentação treinada tão exaustivamente quanto o seu discurso, sob o risco de seu desempenho ser prejudicado. O erro mais comum diante da insegurança é transformarmos nossa apresentação visual em uma cola, com textos extensos e informações desnecessárias. Se relatórios são importantes para sua audiência, entregue-os no formato certo. E os telões no auditório, com certeza, não o são. Para não errar, lembre-se de que os desenvolvedores de softwares criaram programas específicos para apresentação de slides, textos e gráficos. A Microsoft, por exemplo, tem o PowerPoint, o Word e o Excel. A Apple é ainda mais explícita: Keynote, Pages e Numbers. Cada um no seu quadrado.

Os slides servem para ilustrar a apresentação e como tal têm de ser o mais visual possível. Neles escreva o menor número de palavras que você conseguir. Use-as como se fossem *hashtags* ou etiquetas a marcar o ponto que você aborda. Tolera-se uma frase, talvez, mas que seja memorável. Dê preferência às imagens, busque as mais provocativas e fuja das óbvias. Livre-se dos efeitos sonoros e visuais que os programadores nos entregam prontos. Todo mundo já os usou e a impressão que você transmitirá ao público é de que eles já assistiram àquela palestra em algum lugar.

Negue-se a entregar cópia impressa da sua apresentação: primeiro, você deixará de ser surpreendente se o público tiver com antecedência as telas e imagens; e, segundo, nelas não haverá nenhuma informação mais importante do que a sua fala – se houver, um dos dois está errado. O material de apoio deve ser entregue após o encontro em formato de documento: texto ou gráfico.

FAÇA VOCÊ MESMO

Passos para apresentação no estado da arte, segundo Galvão e Adas:

1. Diagnóstico – quem é o público, qual é o contexto, quanto tempo eu tenho, qual é o meu perfil, qual é o objetivo principal da apresentação.
2. Roteiro – definição da mensagem principal; definição das mensagens de suporte; slogan; estruturação do raciocínio; inserção do conteúdo; adequação da linguagem (coloquial, cotidiana e concisa).
3. Divisão de conteúdo – roteiro dividido em pequenos trechos; cada trecho um slide com imagem e palavra-chave.
4. Confecção de slides – divida o roteiro em slides; defina o que fica em cada um, uma mensagem principal para cada slide, um esboço da ideia que sustentara o slide (texto, gráfico, tabela...); defina os elementos (imagens, ícones, desenhos, fotos...); e distribua os elementos na tela.
5. Treinamento – simule a situação de sua apresentação e observe.

Assim como sua fala, faça apresentações visuais simples, diretas e objetivas. Assim como suas apresentações, seus movimentos têm de ser simples, diretos e objetivos!

No palco, sua performance tem de ser coerente com a mensagem que vai transmitir. Roberto Shinyashiki diz que a posse do palco nasce da certeza de que você é a melhor pessoa para estar lá na frente; sendo assim, sua linguagem corporal tem de mostrar que você é um exemplo de sucesso. Sentado atrás de uma mesa e escondido atrás do púlpito são posturas que costumam gerar resultados sofríveis. Já existem tantos ruídos a atrapalhar a comunicação, por que criar barreiras físicas? Peça para falar em pé, o que ajudará na expressividade, tornará os movimentos dos braços e mãos mais naturais, permitirá seu deslocamento para um lado e outro, talvez até caminhando entre as cadeiras, chamando a atenção do público, criando vínculo com ele. Aproxime-se das pessoas, olhe para elas e fale com elas.

As palestras provocam desgaste físico, seja pelo estresse gerado pela importância do evento, seja pela movimentação no palco. Seu esforço vocal também exigirá energia extra; por isso, descanse o suficiente e faça refeição leve antes da apresentação.

Para descontrair, aproveite os momentos que antecedem sua fala, faça alongamentos e respire fundo, várias vezes. Encha os pulmões e certifique-se de que soltou todo o ar. Relaxe a garganta ao falar, pois laringe tensa produz voz trêmula, aguda e abafada. Hidrate-se bem, principalmente tomando pequenos goles de água durante a apresentação, sem pressa para não engasgar. Articule as palavras e fale com naturalidade e emoção. Lembre-se, no capítulo anterior há recomendações importantes sobre como tratar os recursos vocais.

A essa altura pode ser redundante o alerta, mas, como já escrevemos, informações que consideramos importantes precisam ser reforçadas: todo o planejamento desenvolvido para sua apresentação só será executado de forma plena e eficaz se você treinar muito. Em 2009, a cidade do Rio de Janeiro foi escolhida para ser sede dos Jogos Olímpicos de 2016, após intensa disputa com Madri (ESP), Chicago (EUA) e Tóquio (JAP). Especialistas que acompanharam a candidatura carioca têm certeza de que a apresentação final realizada pelos representantes brasileiros influenciou o resultado. O Brasil se defendeu com discursos feitos em quatro idiomas (inglês, francês, espanhol e português) e contou com a presença de um elenco de grandes autoridades e atletas, do qual fez parte João Havelange, ex-presidente da Fifa, Henrique Meirelles, na época presidente do Banco Central, e do então presidente da República, Luiz Inácio Lula da Silva. Nem Lula, acostumado a falar de improviso e com muitos quilômetros rodados, escapou do controle dos organizadores. Na noite anterior ao evento, treinou sua apresentação, refez o texto, repassou o vídeo e teve de corrigir posturas. O discurso dele e a apresentação do Rio comoveram os membros do Comitê Olímpico Internacional.

Do discurso falado à apresentação visual, do palco do show ao microfone, repasse cada detalhe, insista uma, duas, três vezes, até se sentir, confortável. Steve Jobs era capaz de reconstruir um cenário se entendesse que a iluminação nos equipamentos que pretendia destacar não era a ideal. Fez isso em 1999, quando percebeu, um dia antes de lançar os iMacs multicoloridos, que faltava sincronia entre a fala dele, o surgimento dos computadores por trás de uma cortina escura e a luz. "Vamos repetir até conseguir, está bem?", insistia Jobs, segundo descrição feita por Michael Kratz, jornalista da *Time*. Ele conseguiu. Tudo bem, Steve Jobs era o dono do show e não é sempre que temos essa autonomia. Mas seja responsável por tudo que estiver ao seu alcance.

FAÇA VOCÊ MESMO

Siga os passos do Método Shinyashiki:

- Planejar – qual é o objetivo do meu contratante? Qual é seu desejo? Como atingi-lo?
- Preparar – ideia central, identificar o problema, as causas e a solução.
- Treinar – apresentar para parceiros, pedir sugestões.
- Executar – apresentar e registrar em vídeo, observar as reações do público.
- Aprimorar – levar em conta comentários, observações dos vídeos... e procurar melhorar! Nunca fique satisfeito.

Controlar os aspectos da apresentação fará com que você evite um dos maiores pecados em uma palestra: o desrespeito ao tempo. Se lhe foram oferecidos 15 minutos, prepare 10 e fale 15; se lhe foram oferecidos 30 minutos, prepare 20 e fale 30; se você é um privilegiado e poderá fazer apresentações de até uma hora, prepare 45 e, de novo, só fale uma hora. É muito melhor você encerrar sua participação com o público no auge da empolgação do que na ansiedade gerada pelo atraso. Cada minuto a mais que você fala é um minuto que você rouba dos organizadores, dos outros palestrantes e do próprio público, que se planejou para assistir à sua apresentação, mas tem uma agenda preciosa a ser cumprida.

Nas últimas décadas, o maior sucesso em termos de disseminação de ideias são as conferências organizadas pela fundação TED – acrônimo para tecnologia, entretenimento e design –, que levaram ao palco alguns dos mais renomados líderes de diferentes segmentos, gente interessante e impactante, como definem os organizadores. Os vídeos ficam disponíveis na internet e já foram vistos centenas de milhares de vezes, causando um número incalculável de transformações na vida de pessoas e instituições. Tudo isso em apenas 18 minutos – tempo máximo para cada um dos palestrantes passar seu recado. Bill Gates, Al Gore, Bono Vox, Bill Clinton, Ken Robinson e Elizabeth Gilbert, alguns dos nomes incríveis que estiveram no TED, foram precisos e eficientes, cumprindo o tempo que lhes foi destinado.

A propósito, jamais reclame do tempo da sua palestra, principalmente em público. Adapte-se!

FAÇA VOCÊ MESMO

Siga as recomendações de Chris Anderson, curador do TED:

- Comece sua palestra e vá direto ao ponto.
- Você tem 18 minutos para contar um monte de coisas.
- Conte histórias, sua palestra inteira pode ser apenas uma história.
- As melhores palestras têm histórias bem-humoradas.
- Sua palestra é longa e seu tempo é curto. Falar rápido não adianta. Então, fale lenta e pausadamente, num ritmo tal que não seja rápido demais nem lento demais.
- Fale no mesmo ritmo que você treinou.
- Seja simples e use um linguajar simples.
- Mostre algo que tenha substância verdadeira.
- Memorize! Não confie apenas no monitor que estará na sua frente com os tópicos da sua palestra.
- Treine, ensaie, treine, ensaie.

Já falamos sobre isso, mas não custa repetir a mensagem, agora na versão de Gallo: "A espontaneidade é o resultado da prática planejada". Planeje e pratique!

VOCÊ, PESSOA JURÍDICA

Sua conversa com o investidor foi um sucesso e o que era uma ideia de negócio está em plena execução. Os resultados alcançados chamaram a atenção do mercado e você passou a ser referência para seus colegas e parceiros, a ponto de ser convidado para brilhar no palco da convenção de fim de ano. A palestra foi memorável com as histórias que você contou tocando o público, bem argumentada, com muita criatividade e uma performance incrível. Sem perceber, você já é notícia na sua empresa há bastante tempo e, naturalmente, passará a ser requisitado para representá-la em atividades públicas. Por seus méritos, entrou para o seleto grupo de porta-vozes da organização e o que antes era apenas um CPF transformou-se em CNPJ. Sua opinião não representará mais apenas o que você pensa, mas a sua empresa. Nessa condição, é obrigatório estar alinhado com as ideias e os valores do grupo, dominar as regras que pautam a política de comunicação e desenvolver a habilidade de conversar com o público através da mídia.

É referência da pré-história da Sociedade da Informação o comportamento de líderes empresariais que desdenhavam da opinião pública ou do poder dos meios de comunicação. Questionado pela péssima qualidade dos serviços oferecidos pelas ferrovias sob sua administração nos Estados Unidos, William Henry Vanderbilt proferiu a frase "o público que se dane", em 1882.

Já com o século XX a pleno vapor, Irving Shapiro, presidente da DuPont entre 1974 e 1981, teria como fórmula de sucesso "se ater aos negócios, ficar fora de encrencas, associar-se aos clubes certos e não conversar com repórteres". A frase que lhe é atribuída soa mais como ironia, pois não condiz com o perfil do executivo que usou a mídia, participando de entrevistas, para mobilizar a opinião pública contra a regulamentação do setor produtivo nos Estados Unidos. Na época da sua morte, em 2001, o então presidente da DuPont, Chad Holliday, descreveu Shapiro como tendo sido o primeiro CEO "público" da empresa, que atuava da mesma maneira em casa, nas salas de reunião, nos corredores de governo e nos *talk shows* da televisão americana.

Mito ou verdade, "não conversar com repórteres" foi regra usada por muito tempo por outros líderes em modelos de administração que não identificavam as transformações pelas quais a sociedade passava.

O silêncio corporativo que pautou as empresas até parte do século xx não tem mais espaço desde o surgimento do capitalismo informacional, descrito pelo sociólogo Manuel Castells. Informacional, global e em rede para ser mais fiel à caracterização que o pensador espanhol fez das transformações no último quarto do século passado. Para ele, a economia está sustentada na comunicação e no desenvolvimento tecnológico. A produtividade e a competitividade dependem da capacidade das empresas, instituições e nações de gerar, processar e aplicar de forma eficiente a informação baseada em conhecimento.

Dentro das corporações, as mudanças se aceleraram sob o risco de sucumbirem se não atendessem às novas demandas. No início, houve a necessidade de dialogar com os trabalhadores para contrapor o ideário apresentado pelos sindicatos; hoje, a comunicação é usada para engajar colaboradores e fazê-los compreender os valores que orientam as ações na empresa, ajudando na construção de uma identidade própria.

Se antes se comunicava para vender produtos para os consumidores, logo se percebeu que estreitar relações com eles era fundamental, pois a influência da opinião pública era crescente. Atualmente, da mesma forma que se faz com o colaborador, trabalha-se para se transformar o cliente em evangelizador, um apaixonado defensor da marca, produto ou serviço. Os cuidados da comunicação se estenderam aos demais públicos que estão no entorno do negócio, tais como acionistas, fornecedores, concorrentes, governos e comunidades vizinhas.

Nesse contexto, as diversas formas de diálogo com os muitos públicos de interesse da empresa vão compor uma política de comunicação que tem de ser planejada, coerente e de conhecimento de todos aqueles que fazem parte da organização – de seus porta-vozes, sem dúvida, mas também dos que, mesmo não sendo escalados para se relacionar com a imprensa, o farão com outros atores.

A comunicação corporativa ou empresarial desviou seu foco da captura de informações que visassem apenas ao lucro para integrar as áreas estratégicas de gestão, ganhando protagonismo na administração. "A comunicação pessoal e profissional foi alçada à categoria de arma de gestão, requisitada no esforço coletivo para a construção de percepções positivas sobre a empresa" e se transformou em indicador de desempenho de pessoas, de grupos, de instituições e até de países, diz Paulo Nassar, diretor-presidente da Aberje (Associação Brasileira de Comunicação Empresarial).

Vemos assim que, no âmbito dos contatos, das relações com as pessoas, todos os colaboradores são importantes para a impressão final. Porém, se considerarmos num nível mais amplo de abrangência, as relações com a mídia – TV, rádio, jornal e internet – são as responsáveis pela disseminação maior da imagem da empresa. Mesmo com o impacto que as redes sociais têm proporcionado, os meios de comunicação tais como os conhecemos tradicionalmente ocupam posição de grande destaque, uma vez que são capazes de informar e influenciar grande número de pessoas de modo quase instantâneo.

Há cinco anos, após uma hora e meia de palestra para os mais importantes executivos de um fabricante de aviões, na qual havíamos descrito como funcionava o processo de comunicação até que um fato se transformasse em notícia, um dos participantes pediu a palavra e resumiu assim seu pensamento: "eu havia sido convidado a assistir a uma palestra sobre comunicação, descobri agora que o tema é segurança corporativa". A frase refletia muito bem o sentimento da plateia de que, se as empresas e seus executivos e colaboradores não compreendessem de forma clara as necessidades dos jornalistas e veículos de comunicação, os riscos aumentariam na mesma proporção da importância do tema com o qual estivessem envolvidos; pois uma crise com a imprensa logo se transforma em uma crise com a opinião pública, e vice-versa.

As imagens do navio Exxon Valdez despejando 40 milhões de litros de petróleo após se chocar em rochas no Estreito Prince William, no Alasca, causaram indignação em todo o mundo em 1989. Animais marinhos lutavam pela sobrevivência em meio ao óleo esparramado por cerca de 28 mil quilômetros quadros. Milhares deles morreram em um dos maiores desastres ecológicos já vivenciados. O esforço da Exxon para conter o estrago em área de preservação ambiental foi enorme. O gerenciamento da crise do ponto de vista da comunicação, um desastre. Nas primeiras horas após o acidente, a empresa se eximiu de culpa e a transferiu para uma subsidiária, a Exxon Navegação. Os principais executivos da empresa sumiram, deixaram a comunicação para porta-vozes sem expressão e preparo. Quando seus dirigentes vieram a público, envolveram-se em discussões com jornalistas e pescadores. A história que construíam era logo desfeita pelos fatos levantados por profissionais da imprensa. Quando Lawrence Rawl, *chairman* da Exxon, decidiu aparecer na televisão, além de o fazer tarde demais, foi arrogante e culpou os jornalistas pelo trauma que a reputação da empresa sofreu. O prejuízo da Exxon foi material e reputacional.

Os executivos dessa empresa, se não fossem prepotentes, teriam aprendido com o gerenciamento de crise da Johnson & Johnson, sob o comando de James E. Burke, sete anos antes. Cápsulas do comprimido Tylenol haviam sido envenenadas com cianeto nas prateleiras, e sete pessoas morreram nos Estados Unidos. A empresa, informada pela mídia, deu ampla publicidade ao fato, sem esconder nenhuma circunstância, e pediu para que os consumidores não comprassem o remédio. Eles recolheram mais de 30 milhões de comprimidos das farmácias, distribuíram novo lote com embalagens à prova de fraude e publicaram campanhas de esclarecimento. A empresa agiu com transparência e responsabilidade ao colocar o foco das ações na preservação da vida dos seus consumidores, e não nos resultados financeiros. Calcula-se que o prejuízo da empresa tenha sido em torno de US$ 1 bilhão apenas no valor da marca no decorrer de dez anos. Mas soube harmonizar visão de longo prazo com uma estratégia bem-sucedida de marketing e relacionamento com a mídia.

SEM CRISE

Você não deve entrar em crise apenas porque leu a história de empresas que se depararam com dificuldades extremas. Isso faz parte da vida das corporações e, para gerenciar esses momentos, elas têm se preparado cada vez mais. Sabem que crises são inevitáveis e o que as diferencia é a forma como são encaradas. Os exemplos da Exxon e da Johnson & Johnson mostram isso claramente. É com base nesse conhecimento que executivos têm sido submetidos a treinamentos diversos, inclusive – e principalmente – na área de comunicação. Nos anos de 1980, apenas o presidente e os CEOs eram alvos desse trabalho específico. No século XXI, com a difusão dos meios de comunicação, a rapidez com que se deve responder às demandas da sociedade e a própria dimensão que as organizações têm alcançado, é preciso alinhar os procedimentos com toda a equipe e capacitar novos porta-vozes. Ou seja, agora você tem de estar pronto para ser notícia também fora da sua empresa. E essa é uma tarefa complexa; porque, entre a mensagem que você transmite e a mensagem que o público recebe, há uma figura importante: o jornalista.

Para começo de conversa, vamos entender que para o jornalista você não é porta-voz, é fonte de informação. Jornalista sem fonte é um eunuco no paraíso, costuma-se dizer na academia. O cinema e a literatura criaram uma imagem romântica em torno dessa figura essencial para o jornalismo, haja vista os personagens de filmes como *Todos os homens do presidente* (*All the President's Men*, 1976), com Dustin Hoffman e Robert Redford, e *O informante* (*The Insider*, 1999), com Al Pacino e Russell Crowe. Recentemente, o analista de sistemas Edward Snowden, que tornou público detalhes de programas de espionagem global da Agência de Segurança Nacional – a NSA americana –, colaborou para a construção da ideia de que fontes de informação são pessoas com uma carga explosiva de fatos, capazes de derrubar governos e impérios. Claro que elas existem, são especiais e procuradas exaustivamente. Mas, no cotidiano das redações, toda e qualquer pessoa que possa esclarecer um fato ou tenha um nível de conhecimento acima da média em determinada área é uma fonte.

Zuenir Ventura definiu o jornalista como "aquele sujeito que não sabe, só sabe encontrar as pessoas que sabem". E quem sabe? São as fontes de informação. São elas que ajudam na construção de uma história que será apresentada na forma de reportagem.

Conservar boas relações com jornalistas pode ajudar no desenvolvimento de uma carreira, pois ter o nome citado em reportagens e se transformar em referência no setor oferece visibilidade e prestígio. Muitos profissionais cresceram a partir desse trabalho planejado de divulgação de seus feitos e fatos, ganharam respeito, conquistaram postos dentro de empresas, assumiram posição de liderança e passaram a ter mais dinheiro no banco. Há os que se deslumbraram com essas possibilidades e, sem comedimento, se expuseram demais. Ficaram famosos, é verdade; mas não souberam capitalizar isso para a reputação. A presença na mídia tem de ser equilibrada e valorizada. Fontes que falam todos os dias e sobre qualquer assunto enfraquecem sua imagem. Por isso, antes de sair por aí respondendo a todas as perguntas, é importante estabelecer o seu campo de atuação: quem é o público que você pretende atingir, que tipo de programa lhe dará o retorno esperado e quais as áreas que estão relacionadas com o seu perfil.

Crescer profissionalmente e ganhar reputação são pontos a serem considerados ao se avaliar as vantagens de participar de entrevistas. Mas jamais perca a noção de que as missões realmente nobres ao falar na imprensa são as de disseminar o conhecimento e ajudar a construir a opinião pública. Esse é o ponto em comum a aproximar jornalistas e fontes, ao menos é o que deveria ser. As entrevistas esclarecem temas, provocam a reflexão e mobilizam pessoas, objetivos muito maiores do que o simples prazer de estar na mídia. Colaboramos com a formação da sociedade quando compartilhamos nossa experiência e ocupamos o espaço que, algumas vezes, pode estar sendo explorado por aproveitadores. Sim, porque muita gente sabe das vantagens pessoais e comerciais ao falar no rádio, na TV e em jornais, por exemplo, e usam a habilidade de se comunicar para propagar ideias fora da realidade ou que podem prejudicar o cidadão.

Um dos maiores acidentes do metrô de São Paulo aconteceu durante a construção da Linha 4-Amarela, quando uma cratera se abriu e matou sete pessoas ao lado da Marginal Pinheiros, na Zona Oeste da capital paulista, em 2007. A cobertura intensa dos meios de comunicação durou semanas e foi sustentada por informações ao vivo, entrevistas com fontes do governo, da empreiteira responsável, de autoridades da área de segurança e prevenção e de inúmeros outros especialistas. Entre eles, Rogério Beraldo de Almeida, que se apresentou como engenheiro do Instituto Militar de Engenharia e foi entrevistado por vários veículos de comunicação para analisar os erros que teriam sido cometidos na obra. Após a exposição na mídia, foi preso pela Polícia Militar por cometer a infração prevista no artigo 45 da Lei de Contravenções Penais: fingir-se de funcionário público. Beraldo jamais foi engenheiro, menos ainda engenheiro do Exército. Nunca soubemos qual a vantagem que ele pretendia ter ao mentir para os jornalistas. O que sabemos é que, naquele momento, a mídia estava formando a opinião pública com uma base falsa. Todas as vezes que pessoas e empresas credenciadas abrem mão de transmitir seu conhecimento, permitem que o "engenheiro Beraldo" fale no lugar delas. Os jornalistas perdem porque são enganados, mas o maior prejuízo é da sociedade. Portanto, esteja preparado e coloque-se à frente do processo de comunicação. Ganharemos todos!

Jornalista vive de notícias – boas ou ruins – e, quando encontra você na rua, na festa ou no elevador, puxa assunto à espera de ouvir alguma informação que lhe pareça interessante. A conversa nunca é inocente. Se você é convidado para uma entrevista, somente o foi porque o jornalista entende que dessa fonte jorra notícia. Outro aspecto levado em consideração é quem você representa. Sua importância como fonte se eleva conforme o nível da hierarquia que ocupa na organização e, da mesma forma, de acordo com a posição estratégica da sua empresa. Especialistas nas mais variadas áreas também são muito bem-vindos como fontes de informação. Jornalistas de rádio e televisão, em especial, têm ainda outra demanda: as pessoas precisam saber falar, e falar muito bem. É nesse aspecto que a maioria peca e se perde. Muitas sumidades acabam desperdiçando a oportunidade de disseminar o conhecimento porque jamais se prepararam para esse momento.

Portanto, para ser uma boa fonte é preciso ter notícia, um bom crachá e saber se comunicar.

Sem ilusão, porém: mesmo que você seja alguém muito bem capacitado para mandar o seu recado, represente uma grande corporação ou tenha informações importantes de um setor, o desafio de transformar um fato em notícia é inglório. Tornar relevante algo que você e sua empresa fizeram é uma das tarefas mais complexas que se tem em um cenário absolutamente congestionado de informações.

De acordo com um levantamento da IBM, todos os dias nós criamos 2,5 quintilhões de bytes de dados, que vêm de toda parte: fotos, vídeos, textos, áudios, mensagens para sites de mídia social, registros de compras e de transações, tudo o que você imaginar que possa ser produzido nesses e em outros formatos. É como se a cada dia nós enchêssemos de informação os cinco oceanos do planeta, dimensiona o jornalista José Roberto de Toledo. Não por acaso, 90% de todos os dados que temos no mundo hoje foram criados nos últimos dois anos.

Essa enxurrada de dados gera outro complicador, pois, mesmo que vire notícia, não existe nenhuma garantia de que você vai impactar o seu público. Podemos perceber isso em nossa rotina diária: na tela da TV ou do celular, no *outdoor* ou na banca de revistas, no jornal ou no rádio, quando entramos no elevador ou caminhamos dentro do shopping, somos submetidos a uma quantidade inimaginável de informações. Vivendo em uma grande cidade, recebemos cerca de 1800 mensagens por dia, das quais prestamos atenção em cerca de 80 e apenas 15 chegam a nos interessar, segundo pesquisa da Harvard Business School. Nosso objetivo é sermos o autor de uma dessas 15 mensagens que vão interessar ao cidadão.

Como ser relevante nestes tempos de Big Data? Como ser interessante a ponto de as pessoas prestarem atenção no que nós estamos falando? Um dos caminhos é conhecer as necessidades dos jornalistas e as características básicas dos meios de comunicação que podem influenciar nosso desempenho.

Já falamos que aos jornalistas interessa notícia; difícil é entender o que é uma notícia. Existem centenas de conceitos para ajudar as pessoas a identificar quando estão à frente de um fato que pode ser de interesse público. Mas estamos trabalhando com algo muito subjetivo, que muda no tempo e no espaço. Um caso que sairia na manchete do jornal de hoje, amanhã pode parar no pé da página. Talvez nem seja citado. Quer um exemplo? Aviões arremetem todos os dias em algum aeroporto do país, mas isso só é notícia nos dias que se seguem a um acidente de avião. Empresas implantam práticas ambientais em seus processos sem que a maioria de nós perceba, mas se estivermos enfrentando uma crise energética podem ser transformadas em referência nas reportagens.

De forma geral, podemos definir notícia como fatos de interesse social, que fogem da rotina, revelam uma realidade diferente e nos ajudam a esclarecê-la. Ao contrário do senso comum, notícia não é só coisa ruim, não. O que acontece é que sempre que algo dá errado, o jornalista tem o dever de apurar, pois o público tem o direito de saber a verdade. E, por favor, não confunda jamais: jornalismo não é propaganda, portanto não tem preço.

NA VELOCIDADE DA NOTÍCIA

Da mesma forma que tem sido assustador o volume de dados produzidos no mundo, é de causar espanto a velocidade com que circulam de uma máquina para outra. Recentemente, pesquisadores da Universidade

Técnica da Dinamarca conseguiram transferir 43 terabits em apenas um segundo. Com essa rapidez é possível enviar 215 filmes em alta definição a cada segundo.

A evolução tecnológica se torna ainda mais impressionante quando a comparamos com os números obtidos alguns anos atrás. Quando foi lançado, em 1984, o Macintosh revolucionou o mercado, pois pela primeira vez surgia um equipamento que tornava os computadores acessíveis ao cidadão comum. Apesar de transformador e de ter oferecido conceitos inovadores como legado, tais como a interface gráfica e o mouse, percebemos que algumas de suas características eram modestas, se as compararmos com as possibilidades atuais. Sua máquina era capaz de acelerar até 8 mega-hertz quando hoje qualquer um desses computadores de bolso que temos correm a 2 giga-hertz facilmente. Ou seja, se a nossa referência há 30 anos era o milhão, hoje é o bilhão e além...

Essa explosão provocada pela tecnologia mudou nossos hábitos e mexeu com os costumes do consumidor de informação. As pessoas não se contentam em esperar o jornal do dia seguinte nem o telejornal da noite, querem a notícia no instante em que está acontecendo. Dedilham seus smartphones numa busca insaciável por algo novo e reclamam por causa dos milésimos de segundos que a página demora para atualizar na tela. Essa ansiedade pela notícia contaminou o trabalho dos jornalistas e transtornou o negócio dos meios de comunicação.

Se a mídia precisou acelerar seus processos, os agentes que se relacionam com ela vieram atrás. Na gestão de crise, especialistas criaram a expressão *golden hour*, conceito que diz respeito às ações tomadas nos primeiros 60 minutos após a deflagração do problema. Isso foi antes do impacto da internet e da tecnologia da informação. Hoje, recomenda-se que o tempo de resposta seja de 15 minutos, porque a opinião pública sobre a crise se forma imediatamente após a ocorrência da crise graças à velocidade da comunicação.

Fique alerta, porém: alta velocidade pode causar acidente.

Foi o que aconteceu com alguns dos principais veículos de comunicação brasileiros que noticiaram o choque de um avião da empresa Pantanal em um prédio na avenida Santo Amaro, na Zona Sul de São Paulo, em 2008. Seis minutos após a informação ter sido veiculada em emissoras de televisão e rádio e reproduzida por centenas de portais de internet, inclusive no exterior, descobriu-se que a tragédia aérea se resumia a um incêndio em uma loja de colchões que ficava no andar térreo.

A história foi um coquetel de erros e começou com a informação de que um prédio estava pegando fogo, próximo ao Aeroporto de Congonhas, onde havia ocorrido, 11 meses antes, o trágico acidente com avião da TAM que matou 199 pessoas. Uma autoridade do setor de segurança, ao ser procurada por jornalistas em busca da confirmação do fato, disse algo como "tem um avião da Pantanal que não chegou". Em nenhum momento falou da possibilidade de um acidente, mas também não o descartou. A fonte considerada confiável, a frase mal interpretada e a pressa em levar a notícia ao ar resultaram em erro crasso. Os jornalistas não souberam equilibrar duas palavras que são determinantes no trabalho nas redações: agilidade e precisão. Toda vez que se privilegia a agilidade em detrimento da precisão, paga-se com o que há de mais caro na nossa carreira (seja a de jornalista ou não): a credibilidade. Nesse caso, alguns pagaram com o próprio emprego.

Para você, a lição que fica desse acidente jornalístico é a necessidade de ser tão veloz quanto preciso no momento de dar uma resposta, sob o risco de a verdade de um fato ser construída sem a sua participação. E se tornar uma mentira.

NO TEMPO DA NOTÍCIA

A velocidade na resposta às demandas da imprensa e da opinião pública não é o único componente a pressionar os porta-vozes. O tempo da sua fala também. Pois para que tenhamos um resultado efetivo na comunicação é necessário ser veloz, preciso e sucinto. Frases longas exigem raciocínio complexo, um perigo para quem precisa transmitir mensagem ao público através do jornalista. Primeiro, você tem de entender a mensagem, depois fazer com que ele a entenda, e, finalmente, esperar que tudo isso seja entregue com a maior precisão possível para o público. Leve em consideração, ainda, que o jornalista é obrigado a resumir o volume de informação que coletou – a partir do que você e várias outras fontes ofereceram – e publicar em reportagem no tempo ou espaço que tem à disposição.

Poucos profissionais são levados a exercitar essa qualidade de forma tão apurada quanto os jornalistas de televisão, veículo que apresenta reportagens com um minuto – dois, talvez, três, se for um escândalo! Eles precisam ter a capacidade de contar uma história, por mais difícil e emaranhada que seja, em 60 segundos, pois nunca sabem ao certo qual o tempo que lhes será destinado no telejornal. Todo segundo a mais que conquistarem é lucro. Diante dessa realidade, imagine quanto tempo será reservado para você falar na reportagem. Trinta segundos? Isso é o tempo de um comercial e custa caro. Com sorte, 15! Em alguns casos, apenas cinco segundos, que é o tempo suficiente para dizer essa frase que você acabou de ler. Duvida? Preste atenção no telejornal a seguir e você haverá de concordar conosco. Nas reportagens de rádio, a situação é muito parecida, apesar de a ditadura do tempo ser mais branda.

Não pense que ao ser entrevistado por um jornalista de mídia impressa – jornal e/ou revista – essa realidade será diferente. Por mais que ele faça perguntas a você, somente uma ou duas frases vão merecer aspas, que é como os jornalistas costumam se referir às declarações mais importantes publicadas na reportagem. Por mais dados que ele tenha levantado sobre o tema, será obrigado a escrever no espaço que lhe foi reservado na página do jornal ou da revista. Tenha certeza, sempre menor do que ele gostaria.

Claro que o jornalista vai entrevistá-lo por mais tempo, em busca de uma informação relevante, que possa se transformar em notícia, mas apenas um pequeno trecho do que você falou vai ao ar. E, como você não tem controle sobre o que ele pretende publicar – nem queira ter, por favor! –, o ideal é oferecer as mensagens seguindo o que já indicamos ser o mantra da boa comunicação: seja simples, direto e objetivo, ou seja, tenha clareza ao transmitir sua mensagem!

Independentemente do tempo que lhe for reservado – os cinco segundos na reportagem de TV, a participação no *talk show* da noite ou a entrevista ao vivo no rádio –, deve-se seguir essa regra. É ilusão imaginar que com tempo estendido temos o direito a devaneios. Se o fizermos, perderemos a atenção do público e não haverá a adesão à nossa causa.

FAÇA VOCÊ MESMO

Prepare-se para a entrevista:

- Saiba a pauta (é um direito seu).
- Identifique as mensagens principais (é uma obrigação sua).
- Ilustre as mensagens com histórias, dados, analogias, exemplos.
- Domine todas as informações sobre o tema.
- Evite expressões estrangeiras.
- Seja simples, direto e objetivo!

Ao ser convidado para uma entrevista, você precisa saber qual é a pauta do jornalista, o assunto que ele pretende abordar. Sem essa informação, não há planejamento, e o risco de você dizer o que não deve é enorme. É sempre interessante identificar quem é o profissional e para qual veículo trabalha, pois isso ajudará a traçar a sua estratégia e evitará surpresas. Falar com jornalistas especializados ou generalistas tem vantagens e desvantagens. O repórter acostumado a cobrir um assunto tende a ter mais argumentos para contrapor as suas informações; em compensação, terá mais facilidade para entender a sua mensagem. Repórteres que não acompanham o setor, talvez não se aprofundem tanto nas perguntas; mas você tem de ter mais cuidado para que sua mensagem chegue até ele de maneira precisa. Experiente ou não no assunto que está cobrindo, saiba que o jornalista é um profissional pago para desconfiar, portanto, especialista em fazer perguntas, e fará quantas forem necessárias até estar convencido de que aquela é toda a informação que pode extrair de você. Ou até o fim do prazo que tem disponível.

Consciente da pauta, cabe a você eleger quais são as mensagens mais apropriadas, levando em consideração o tempo que você terá para falar. Para cada mensagem – nunca mais de três –, pense em uma história que possa ilustrá-la, um exemplo interessante ou uma frase que aproxime seu tema do público. Adapte sua linguagem às pessoas, elimine os jargões que contaminam o discurso corporativo e evite expressões estrangeiras. Prefira as palavras que são usadas no cotidiano, mais fáceis de serem compreendidas. Lembre-se de que, todas as vezes que dizemos alguma coisa, o interlocutor a traduz conforme sua realidade, de acordo com suas referências. Você já leu isso em outras partes deste livro, não?

Um médico infectologista deve ter causado arrepios em seus colegas quando foi questionado pelo jornalista sobre o preço alto das vacinas anti-

HPV que estavam no mercado, durante entrevista de rádio. Em lugar de justificar os investimentos em pesquisa e inovação dos laboratórios, preferiu mostrar ao público que produtos caros ou baratos são muito relativos. Saiu-se com esta: "Costumo dizer a quem me pergunta se a vacina é cara: cara é a escova progressiva de chocolate que a mulher faz e dura no máximo uma semana; a vacina dura para toda a vida!". O que o cabeleireiro tem a ver com a medicina? Aparentemente nada. O médico, porém, tinha uma mensagem bem clara para transmitir ao público quando surgisse a polêmica sobre o preço do medicamento. Precisava mostrar às pessoas que, mesmo com um valor alto, a vacina era importante para a qualidade de vida. E o fez usando referências do dia a dia do público-alvo, nesse caso as mulheres. Foi simples, direto e objetivo! Mas observe: o fato de ele falar "Como costumo dizer..." mostra que já havia previsto o ponto delicado (custo) e se preparou para lidar com a pergunta, demonstrando tranquilidade, domínio da situação e ausência de riscos. Se você deixar para ter a "ideia brilhante" só na hora, pode se equivocar na analogia e ficar "mal na fita", como um certo técnico de seleção brasileira de futebol ao afirmar que se os jogadores quisessem moleza, que fossem trabalhar no Banco do Brasil. Se tivesse feito a lição de casa, não diria isso, com certeza!

CADA COISA NO SEU LUGAR

Há regras básicas na comunicação com os jornalistas, como vimos até agora. Leve em consideração, porém, que as mídias são diferentes e precisamos estar adaptados às suas características para que a informação seja transmitida com maior eficiência. Os veículos têm públicos distintos e linguagens específicas que precisam ser respeitados.

Jornais e revistas são mais analíticos e têm se caracterizado por aprofundar os temas, privilegiando a análise. Têm públicos mais segmentados. Mesmo com a diminuição da circulação, esses veículos são muito influentes e costumam pautar a cobertura jornalística dos demais veículos.

A televisão é a vedete das mídias, pois tem, no Brasil, poder de penetração que supera o de outros países. Apesar de privilegiar a imagem, é a palavra que vai esclarecer o assunto, e ela tem de ser compreendida por um público diversificado, do ponto de vista social, cultural e educacional.

O rádio tem se fortalecido pelo alcance, mobilidade e agilidade. Soma-se à já tradicional e forte audiência no carro a transmissão do sinal pelos milhões de smartphones que estão nas mãos dos brasileiros. Boa parte das entrevistas é por telefone, mas os programas podem ser transmitidos simultaneamente com imagens pela internet. Mesmo assim, a voz ainda é o poder, e o uso de todos os elementos que a cercam é essencial.

Os veículos *on-line* reproduzem as características das demais mídias, pois publicam notícias em diferentes formatos, atualizam informações com rapidez e facilitam o compartilhamento, o que pode multiplicar o poder da sua mensagem.

É comum porta-vozes se sentirem deslumbrados pela chance de aparecerem no telejornal da noite ou de serem entrevistados para a edição do principal jornal da cidade. Não desdenhe, contudo, do poder de influência dos veículos de comunicação. Primeiro porque emissoras menores podem não ter tanta influência na opinião pública, mas o colocam em contato direto com públicos específicos da região em que atuam. Segundo, porque a afirmação feita lá, se for ouvida pela pessoa certa, gera novas oportunidades ou um tremendo estrago, dependendo da circunstância. Fale para o repórter da pequena rádio da cidade nos grotões do Brasil com os mesmos cuidados que tomaria se estivesse no *Jornal Nacional*!

As entrevistas nas mídias eletrônicas e digitais podem ser ao vivo e devem ser muito bem aproveitadas; pois, apesar do limite de tempo, são garantia de que tudo o que você disser vai ao ar! Ao mesmo tempo, é um risco: afinal, tudo o que você disser vai ao ar! Então, diga o mais certo possível! As entrevistas podem ser gravadas, também, e isso significa que passarão pelo crivo de um editor, profissional que escolherá os melhores trechos para serem publicados. Lembre-se: os melhores trechos do ponto de vista do jornalista. Se você gaguejar ou tropeçar em uma palavra, talvez, isso seja cortado; mas, se o repórter entender que esse sinal de insegurança tem a ver com o contexto da reportagem, vai ganhar destaque.

O telefone é cada vez mais usado, o que o coloca ao alcance do jornalista em qualquer parte do mundo e, às vezes, em ambiente não apropriado para entrevistas, exigindo concentração ainda maior. Certifique-se da qualidade do som e evite se deslocar se estiver em um celular. O e-mail tem sido usado com mais frequência, apesar de muitos jornalistas não gostarem dessa prática. Revise uma ou duas vezes o texto para evitar erros de português.

FAÇA VOCÊ MESMO

Fale para o jornal e para a revista:

- A entrevista pode ser gravada.
- A gravação é um documento para o repórter.
- Seja didático, mas não dite as respostas.
- Cuidado com o repórter que não anota nada.
- Preste muita atenção a cada pergunta.
- Números e dados devem ser precisos.
- Na dúvida, reforce a informação que você considerar relevante.
- Postura, aparência e linguagem corporal também são informação.
- Não olhe as anotações do jornalista.
- Nunca peça para ler a entrevista antes de ser publicada.
- Seja simples, direto e objetivo!

Fale na televisão:

- Olhe para o repórter, e não para a câmera.
- Preste atenção na sua postura.
- Relaxe sem ser relaxado.
- Movimente as mãos naturalmente.
- Evite que os gestos fiquem na altura do rosto.
- Gestos na linha da cintura são mais naturais.
- Elimine cacoetes de linguagem: tá, né, então, veja bem...
- Não use termos técnicos ou estrangeiros.
- Aceite a sugestão de maquiagem.
- Evite roupas e acessórios que chamem mais atenção do que a sua mensagem.
- Tenha paciência com o ajuste de equipamento, vai melhorar a sua imagem.
- Seja simples, direto e objetivo!

Fale na rádio:

- Se for ao vivo, pergunte antes quanto tempo terá a entrevista.
- No ar, cumprimente o jornalista sem bajulação.
- Só diga o nome dele se tiver certeza.
- Ouça a pergunta até o fim.
- Se não entender a pergunta, peça para repetir, com respeito.
- Falar junto com o jornalista atrapalha o som.
- Cuidado com palavras que soam mal: cujo, imputa...
- Cuidado com palavras proparoxítonas.
- Elimine cacoetes de linguagem: tá, né, então, veja bem...
- Números devem ser arredondados.
- Ajude o ouvinte a enxergar os números, faça referências.
- Seja simples, direto e objetivo!

Fale no telefone:

- Entre a linha fixa e o celular, prefira a que tiver melhor som.
- Jamais dê entrevista no viva-voz.
- Procure um ambiente com pouco movimento.
- Avise as pessoas que estão próximas e peça a colaboração delas.
- Mesmo sem ser visto, cuide de sua postura e mantenha o tempo todo a mesma distância entre sua boca e o bocal do telefone.
- Cuidado, seu celular pode ter chamada simultânea.
- Seja simples, direto e objetivo!

Fale da melhor maneira:

- Nada é mais importante no momento da entrevista do que a entrevista.
- Foque sua atenção apenas na entrevista.
- Olhe o entrevistador nos olhos.
- Fale sobre o que você conhece.
- Ilustre com exemplos de situações vividas, fatos ocorridos.
- Conte histórias.
- Dê exemplos para tornar mais compreensível a sua mensagem.
- "Sim" e "não" não são respostas; explique!
- Não fuja das perguntas.
- Retome sempre a pergunta do jornalista para que a sua frase seja completa.
- Seja proativo, conduza para as mensagens que mais interessam a você.
- Pense e direcione a sua fala para o ponto de vista do público.
- Se não puder responder, seja sincero.
- Evite informação errada; mas, se errar, corrija-a o mais rápido possível.
- Se o jornalista usou informação errada, corrija-o com respeito.
- Respeite o prazo e o horário do jornalista.
- A mídia pode ser uma grande aliada para o seu negócio.
- Ah!... Seja simples, direto e objetivo!

JOGO DOS SETE ERROS

A única forma de jamais errar é não fazer, o que, por si só, já é um erro. Portanto, não tem jeito. Em todas as formas de comunicação, temos de planejar, treinar e executar. O erro faz parte desse processo e deve ser visto como lição. Para você aprender com o erro dos outros, relacionamos sete dos mais comuns cometidos por porta-vozes:

1. Sócio do MSL

A pior coisa para o jornalista é entrevistar alguém que não dá lide. Essa expressão foi aportuguesada do inglês *lead*, que significa guiar, dirigir ou liderar. No jornalismo, lide é o trecho que introduz a reportagem. Para tê-lo, são necessárias respostas às perguntas básicas: o quê, quem, quando, como, onde e por quê. Há uma quantidade enorme de sócios no clube do MSL (Movimento dos Sem Lide) – entrevistados que são profissionais em conceder entrevistas e não dizer absolutamente nada. Por que então continuam sendo entrevistados? Porque, geralmente, são autoridades ou representantes de organizações relevantes que para não se comprometerem escapam das respostas. Se você quiser ser uma líder relevante e inspirador, rasgue a carteirinha desse clube e ofereça o que o jornalista mais busca: informação relevante!

2. Efeito Geladeira

Por trás desse erro está a vaidade, não por acaso um dos sete pecados capitais. Entusiasmado com o bom desempenho na mídia, o porta-voz passa a aceitar qualquer oportunidade de entrevista, independentemente de o tema estar relacionado com sua atividade. Fala com todos, sem exceção. Fala de tudo, sem pudor. Dizem que a doença é tão grave que, quando abre a porta da geladeira em casa, vê a luz acender e pensa que está na televisão: começa a falar sozinho! Valorize sua participação na mídia. Fale o essencial e apenas o necessário.

3. Dono da Verdade

Na entrevista, você tem uma grande vantagem em relação ao jornalista: é você quem domina o assunto. Isso não significa que saiba tudo. Converse com seus colegas mais próximos, peça sugestões aos profissionais de comunicação e ouça o que o repórter tem para lhe dizer. A prepotência o transforma em "Dono da Verdade" e esse é o primeiro passo para a tragédia.

4. Dona Candinha

A Candinha gosta de falar de toda a gente, cantava Roberto Carlos nos tempos da Jovem Guarda. Tem entrevistado que, diante de um repórter, se parece com a personagem da música: não perde a oportunidade de fazer mexerico. Fala mal de colegas, da concorrência e, às vezes, até de outros jornalistas. Além de colocar em xeque sua reputação, corre o risco de entregar informação que não deve.

5. Síndrome do Boxeador

As perguntas costumam ser provocativas para tirar o entrevistado da zona de conforto. Apesar disso, entrevista não é luta de boxe, em que para vencer você precisa dar golpes mais fortes do que o adversário. Responder à altura da agressividade da pergunta transformará a conversa em confronto, e os dois lados saem perdendo. Você principalmente. Diante de temas difíceis, seja assertivo e tenha tranquilidade.

6. Sabor de Jabá

No Nordeste é carne-seca; no jornalismo, um pecado. Atende por diferentes nomes, como jabaculê, toco e – por que não? – suborno. Pode vir na forma de caneta, viagem e, nos casos mais graves, dinheiro. Alguns entrevistados o fazem para ser simpáticos e ganhar a confiança do jornalista. Estão prestes a transformá-lo em inimigo. Se quiser agradar o repórter, dê notícia. É disso que ele se alimenta!

7. Nariz de Pinóquio

Toda a verdade, somente a verdade e nada mais do que a verdade. Independentemente do tamanho da crise em que você esteja envolvido, a verdade é o único caminho a seguir. Mesmo que você só conte a verdade possível até aquele momento, pois sabemos que algumas precisam ser preservadas por diferentes motivos. Se não for dizer a verdade, não diga nada! A mentira não pode fazer parte da sua política de comunicação.

Por mais que você leia sobre o tema e participe de treinamentos específicos, somente a prática permitirá saber o quanto está preparado para encarar a mídia. Como as oportunidades que teremos de falar com jornalistas podem não ser suficientes para desenvolvermos essa habilidade, precisamos criar outros mecanismos. Comece por prestar atenção nas reportagens que vão ao ar todos os dias na mídia, identificar as estratégias usadas pelos entrevistados e anotar as práticas que considerar pertinentes.

Uma maneira curiosa de entender sua capacidade de se comunicar naturalmente é encarar o "Teste da Sogra". É simples e rápido, apesar do risco de constrangimento. Diz a lenda que a sogra é a audiência mais reativa que você pode encontrar na vida, pois não gosta de você, não quer saber de você e não entende você – claro que isso só acontece com a sogra dos outros, não com a nossa. Imagine-se diante de um público com esse nível de hostilidade e tendo de explicar a função que exerce no trabalho. Aproveite o encontro da família, procure-a, inicie a conversa e mande seu recado. Se o diálogo persistir por mais de alguns minutos e ela se mostrar interessada em ouvi-lo, você está no caminho certo!

Brincadeira à parte, é sempre bom reforçar: comunicação é realmente um processo complicado, com alto potencial de produzir mal-entendidos. No caso da mídia, temos aí dois complicadores: primeiro, a presença de um intermediário, o jornalista, a quem você deve convencer do que quer dizer. O segundo: na mídia as coisas se disseminam cada vez mais rapidamente, para o bem e para o mal... Portanto, prepare-se bem e colha bons frutos!

Use a internet e conquiste
seguidores na sua empresa

"Pode me chamar do que quiser, mas lembre-se de que, atualmente, quando você conversa com uma pessoa está conversando com mil", disse a jornalista Zoe Barnes ao editor-chefe Tom Hammerschmidt, do *The Washington Gerald*. Ele acabara de demiti-la por considerá-la "ingrata, arrogante e uma p....!". Para não causar espanto, vamos fazer de conta que Tom a chamou de rameira, que no fim é a mesma coisa, mas assusta menos o leitor. Antes de proferir a frase, Zoe havia disparado, através de seu smartphone, um tuíte reproduzindo as palavras de Tom e revelando aos seguidores dela (e aos seguidores dos seguidores dela) as ofensas que acabara de ouvir do chefe.

A cena é um dos destaques do quarto episódio da primeira temporada de *House of Cards*, série americana de drama político, criada por Beau Willimon, que se transformou em fenômeno de público e crítica, veiculada pelo Netflix. Zoe é a personagem protagonizada por Kate Mara, enquanto Boris McGiver faz o papel de Tom. A discussão aconteceu na ficção. Ainda bem! Mas reproduz um cenário real surgido desde a formação das redes sociais. Uma frase, uma ofensa, uma briga... pode ser um elogio ou uma informação. Não importa! Qualquer coisa dita entre quatro paredes pode ganhar o mundo. Ao menos o mundo que está ao alcance das nossas redes. Tuitada e retuitada, compartilhada no Facebook e no LinkedIn, ilustrada no Instagram ou no Pinterest, a mensagem se espalha e ganha dimensões que jamais imaginamos. A ofensa não é mais individual, é coletiva. Olhando para o lado positivo desse processo: o conhecimento que oferecemos não é mais singular, é plural!

Houve um momento no qual nos assustamos com a forma como a internet estava sendo explorada e tememos pelo isolamento social. Esse risco ainda existe, mas não pelos defeitos da internet, e, sim, pelos defeitos do ser humano. Quem não cultivava o relacionamento, segue escondido em sua caverna digital. Em compensação, quem estava distante se aproxima com um clique. O que mais vemos crescer nesse cenário virtual é a interação. Pode-se até discutir se o uso dessa interação é para disseminar o conhecimento ou a discórdia. É inegável, porém, que as pessoas estão por aí, trocando mensagens, fotos, dados e até dinheiro, já que as moedas digitais têm se fortalecido, inclusive no capitalismo real. A tecnologia mobiliza, faz circular a informação e gera a inconformidade que vai repercutir na sua vida, em carne e osso, nas instituições, nas empresas e no seu negócio.

Você já leu neste livro sobre o risco que a velocidade da informação e a facilidade com que ela se reproduz geram na sua reputação. Erros em rede são erros enormes. Mas seu erro será definitivo se tentar se esconder dessa realidade. O melhor que tem a fazer é se expor e fortalecer sua imagem. A presença digital pode multiplicar sua liderança dependendo do que você compartilha e como influencia os outros. Saber usufruir desses benefícios vai diferenciá-lo no mercado e oferecer projeção na sociedade. No escritório, criar grupos de discussões *on-line* e promover a participação dos liderados em redes sociais internas pode agilizar a transferência de informação. Invista no sistema de *brain trust,* incentivando o debate entre os colaboradores, oferecendo liberdade para criticar e aceitando o erro, que faz parte desse processo. Melhor ainda, use as redes já estruturadas e amplie a discussão com seus clientes e parceiros. Abra o leque de participantes do *brainstorming* que acostumamos fazer apenas com a nossa equipe. Convide "antenas" da sociedade, gente que está ligada no que acontece e as conecte ao seu negócio, promovendo a sinapse entre cérebros distantes. Esteja pronto para ir para a rua discutir suas decisões e ouvir bronca dos consumidores. Nesse caso, a rua é virtual e a bronca é conhecimento real. Seja um fomentador do conhecimento. Esse é o papel do novo líder.

FAÇA VOCÊ MESMO

Como se comportar nas redes sociais (reais e virtuais):

- Compartilhe conhecimento (fofoca e mentira não estão nesta lista).
- Inspire seus clientes a terem ideias.
- Seja relevante e verdadeiro.
- Esteja presente e disponível.
- Fale, ouça, responda e ouça.

ESCREVA A COISA CERTA DA FORMA CERTA

A velocidade e profundidade com as quais a internet interferiu nas relações pessoais e corporativas levou muitos de nós a criar verdades que jamais se realizaram. É comum ouvirmos pessoas reclamando de que as novas formas de comunicação estão acabando com a leitura e a escrita. Têm razão esses críticos, em parte. Leem-se menos jornais, revistas e livros do que como líamos até então. Estamos nos referindo à forma de ler, e não à quantidade de leitura. Até porque não faz sentido esperar o entregador arremessar o jornal sobre o muro se podemos baixar a edição do "impresso" no tablet. Para que ler no papel se o tenho na tela? Da mesma forma, pegar a folha, escrever o recado, colocar dentro do envelope, lamber a borda, colar o selo, caminhar até a agência dos correios e despachar a carta é prática restrita aos filmes de época. Mandamos um e-mail se estivermos na casa dos 40 e 50 anos. Um WhatsApp se formos mais jovens. A leitura e a escrita seguem mais firmes e mais fortes do que no passado, apenas mudamos a forma de fazê-las. Já havíamos dito isso para você no capítulo dedicado à liderança: nunca escrevemos tanto antes, mas a forma que usamos é muito diferente daquela a que o mundo corporativo está acostumado. Lembra?

Agora, atenção! Se estamos escrevendo e lendo muito mais do que antes, é preciso que estejamos muito mais alertas para o que escrevemos e lemos.

Quanto à leitura, selecionar nossas fontes de maneira apurada é fundamental. Antes também era, mas as informações circulavam através de veículos de comunicação tradicionais e nos bastava acompanhar aqueles com maior reputação. Se eram os melhores? Difícil saber. Mas era o que tínhamos para aquele momento. Hoje, as fontes se multiplicaram e nós perdemos as referências. Vamos tateando em busca da mensagem mais confiável. Desconfiamos da velha mídia e idolatramos novos formadores de opinião. Nós nos decepcionamos com todos eles e os deletamos da nossa *timeline*. Começamos tudo de novo. Às vezes compartilhamos coisas que até nós mesmos desconfiamos. Aí acreditamos estarmos livres de responsabilidade ao alertar os seguidores: "Não sei se é verdade, mas li que...". Cuidado! Compartilhar é se revelar. A mensagem que você passa adiante leva seu nome também. Sua imagem e semelhança! Sua reputação e liderança! Leia com atenção, pesquise a qualidade da fonte, reflita sobre o tema e leve a mensagem adiante consciente do impacto que terá no desenvolvimento das pessoas. E do que essas pessoas vão pensar de você.

Quanto à escrita, preocupação redobrada! Escreve-se muito mais do que no passado. Não tenha dúvida disso. Exemplo? Até há alguns anos, para avisar que estava voltando para casa, você fazia a ligação do seu telefone celular e conversava com sua mulher ou marido, que atendia o telefone fixo na residência. Hoje, manda mensagem por escrito. Observe as pessoas andando nas ruas. Olho grudado na tela do celular – são mensagens escritas que estão sendo recebidas. Dedos deslizando sobre o teclado – são mensagens escritas que estão sendo enviadas. Tudo isso pelo aparelho que teimamos em chamar de telefone, palavra que tem em sua origem o grego *tele*, que significa a distância, longe; e *fone*, que se traduz por voz e som. Ou seja, pelo telefone, originalmente criado para transmitir som à longa distância, encaminhamos textos. Preferimos a escrita geralmente fria, rápida e impessoal à conversa, que tende a se alongar mais do que gostaríamos. Tudo mais breve, telegráfico... se é que a expressão ainda faz sentido! Assim como se escreve no celular, escreve-se no e-mail, no blog, no site, no Twitter, no WhatsApp, no Facebook, no LinkedIn ...

Ao substituir a voz pelo texto, estamos colaborando com uma transformação histórica; pois a escrita surgiu da necessidade do homem de criar registros e armazenar dados, não necessariamente de se comunicar: quantos animais tenho, qual a quantidade de alimento consegui estocar, que dia é hoje. Veja que, desde o início da nossa história, já mantínhamos bancos de dados. Nosso Big Data não estava nas nuvens, mas nas cavernas. Para nos entendermos, usávamos a voz. Hoje, privilegiamos a escrita na troca de mensagens.

O que era para registro ganhou importância crucial na comunicação. Que seja muito bem explorada, pois riqueza não lhe falta! Só na língua portuguesa são cerca de 435 mil palavras registradas no Aurélio, número que pode chegar a 600 mil se incluirmos termos técnicos e científicos. Sem contar aquela palavra que acaba de ser inventada em algum lugar qualquer do Brasil. Ah! Tem as criações das redes sociais também, já que muita gente ajeita a escrita para encaixar no espaço que lhe é reservado. Isso, aliás, é tema polêmico nos escritórios, pois se abriu a possibilidade de adaptarmos a linguagem corporativa às necessidades das redes sociais, usando acrônimos e abreviaturas.

A maioria de nós não vai se espantar se receber pelo Twitter o recado de um executivo com a expressão "LOL", que significa *laughing out loud* ou, em português, "rindo muito alto". Nem se a mensagem se resumir a um OMG de *Oh My God!*, o popular "Ai, meu Deus!". Evidentemente, não podemos esperar essas expressões em documentos oficiais, currículos e relatórios de empresas. A língua tem de estar adaptada ao meio e ao público com os cuidados de praxe, afinal, ela os representa na forma escrita. E você representa a sua empresa, sua marca e seu produto.

Sue Shellenbarger, do *The Wall Street Journal*, escreveu em sua coluna "Work & Family" que gestores estão lutando contra uma epidemia de gafes gramaticais no local de trabalho. Muitos deles atribuem os deslizes à informalidade dos e-mails, das mensagens de texto e do Twitter, nos quais gírias e atalhos são comuns. Essa frouxidão com a linguagem pode criar impressões ruins com clientes, arruinar materiais de marketing e causar falhas de comunicação. Enfim, é mais um risco à reputação.

Curiosamente, até erros casuais são aceitos como normais por algumas pessoas que têm visão mais flexível. Muito cuidado com essa flexibilidade. É bem possível que se você receber uma mensagem escrita de um amigo com um erro de português, talvez não se importe mesmo. Quando a escrita é corporativa, porém, o julgamento é mais rigoroso. Um empresário errando na concordância é coisa muito feia. Transformar o *houve* em *houveram*, flexionando o verbo *haver* que é impessoal, no sentido de existir e acontecer, é considerado erro "justa causa", diz Sérgio Nogueira, professor de português. Aí você vai nos lembrar de que também se erra quando se fala. Verdade! Mas a fala nos oferece a possibilidade, se tivermos muita sorte, de o erro ir embora conosco, graças ao seu caráter efêmero. Pode passar batido, como dizem os mais jovens. A escrita é registro por origem.

Certa vez, Mário Quintana, ao negar homenagem em placa de bronze, disse que um erro em bronze é um erro eterno. Aproveitando-se da fala do poeta, parafraseamos: um erro em rede é um erro eterno. Será reproduzido, reenviado e usado contra você.

Diante da pobreza e do descuido com a linguagem escrita, textos bem elaborados, com coesão e coerência podem se transformar em seu diferencial competitivo. Explorar essas qualidades dará destaque à informação publicada em posts, sites, e-mails e redes sociais. Até porque nesses formatos a palavra é tudo que você tem para se projetar. Além de buscar nova dimensão em seu meio profissional e no público que consome sua informação, escrever de maneira qualificada e apropriada vai contribuir para o enriquecimento cultural dos seus leitores e das comunidades que seu trabalho alcançar. Lembra quando falamos sobre os tipos de líder? Um deles é o líder educador. O prefixo latino *edu* significa conduzir, e o que faz um líder senão conduzir sua equipe? Eis uma mudança que você pode liderar na sua empresa, elevando o padrão da escrita e do discurso, sempre respeitando o que nos pauta neste livro: sendo simples, direto e objetivo. Boa gramática é sinal de credibilidade. Até na internet!

Um dos complicadores da comunicação escrita – e aí não nos referimos apenas ao universo digital, apesar de ainda estarmos falando dele – é o fato de dependermos exclusivamente da riqueza da palavra. Ao contrário da linguagem oral, em que fatores como ênfase e entonação nos ajudam a dar novas cores à mensagem, na escrita é preto no branco. Tem a forma de escrever, sem dúvida, que pode tornar mais clara ou obscura a informação que transmitimos. A coesão do texto, que permite uma sequência lógica com a ordenação de palavras, frases e parágrafos, e o devido uso de conectores e referências. Assim como a coerência, que é a relação lógica entre as ideias. Tudo caminhando para o mesmo sentido vai conduzir o pensamento do seu interlocutor. Mesmo assim, é preciso levar em consideração que na escrita se deve explicar tudo que for possível, pois o leitor não tem como interrompê-lo, perguntar o porquê e tentar entender. Sem falar da tradução do nosso sentimento: grandes autores já tiveram de dar muita explicação diante da ironia, recurso linguístico rico e significativo, que na voz é mais facilmente percebido.

FALE A COISA CERTA DA FORMA CERTA

Como líder comunicador que você pretende ser, é preciso habilidade para adaptar seu discurso às diferentes situações de uso. Comecemos por lembrar a lição de Evanildo Bechara, gramático e filólogo: "Ninguém vai à praia de fraque ou de chinelo ao Municipal... as pessoas têm de saber adequar o registro linguístico à situação, de modo que aprender a norma culta seria somar e não substituir uma variedade da língua". Estejamos prontos para isso, identificando com clareza o que cabe em cada espaço que vamos ocupar com nossa mensagem, seja escrita, seja oral. E eis aqui outra diferença: escrevo para ser lido e falo para ser ouvido. Se o canal receptor muda, muda a forma.

A grande diferença entre um texto escrito e um texto falado é o nível de complexidade. Textos escritos para ser lidos podem ter construções mais elaboradas, com aquelas frases mais robustas, cheias de orações subordinadas, voz passiva, apostos... Na fala não cabem! A fala é comunicação instantânea, precisa impactar claramente na hora, permitir a compreensão e mais ainda, precisa caber na respiração do falante. Aqui se buscam frases curtas, termos mais corriqueiros, voz ativa, orações afirmativas, ordem direta. Primeiro a descrição do fato e depois a explicação! Textos de um livro nem sempre cabem na boca de um orador (neste livro, porém, nos esforçamos para isso!). Assim como o bate-papo entre colegas precisa ser burilado ao passar para o papel.

Agora, veja que interessante: se escrevo para falar – é o caso do discurso de fim de ano na empresa –, tenho de escrever como se fala. Ao não se adaptar o texto à necessidade do orador, vai soar falso e o pobre coitado vai tropeçar mais que bêbado em escadaria. Fala e escrita são duas modalidades de uso da língua e possuem características próprias, mas a professora Ingedore G. Villaça Koch ensina: "Isto não significa, porém, que fala e escrita devam ser vistas de forma dicotômica, estanque, como era comum até há algum tempo e, por vezes, acontece ainda hoje".

Por ser pouco organizada, fragmentada e incompleta, a fala, por tempos, foi vista com preconceito, chegando a ser comparada à linguagem rústica das sociedades primitivas ou à das crianças em fase de aprendizagem, segundo Koch. As mudanças, desde esse olhar distorcido, foram significativas. A fala se fortalece no ambiente de trabalho, assim como fortalece as relações com o pessoal de dentro e de fora do escritório. Como já dissemos no segundo capítulo, a oralidade está na essência de uma comunicação eficiente, permitindo a cumplicidade que a escrita não nos oferece. Lá nos referíamos à relação olho no olho; aqui, a ideia é entender de que maneira podemos manter essa mesma eficiência explorando o universo digital.

O primeiro caminho é olhar para fora. Ou conversar com os de fora. Imagine a possibilidade de criar podcasts ou outros formatos de áudio para se relacionar com os consumidores do seu produto, incentivar o diálogo, motivar fornecedores e parceiros, inspirar a todos para a troca de ideia, o que pode render novos negócios. Existem canais prontos para serem explorados nesses formatos, a começar pelo site da sua empresa. Há blogs, vlogs, Tumblr, Soundcloud, além do Twitter e do Facebook. Você pode criar grupos no WhatsApp e, em lugar das mensagens escritas, você enviaria mensagens faladas, com todos os benefícios que a linguagem oral nos oferece: informalidade, imediatismo, intensidade, emoção e musicalidade, além da expressão mais ampla dos recursos não verbais, demonstrando suas reais intenções. Considere a possibilidade de relacionar áudio e vídeo no produto a ser desenvolvido para transmitir sua mensagem aos diferentes públicos. Lembre-se: nosso cérebro aprende mais quando os estímulos são multissensoriais!

FAÇA VOCÊ MESMO

Roteiro para material de educação a distância proposto por Jorge Cury Neto:

- Selecione as expressões-chave e os conteúdos essenciais; use a linguagem do seu público.
- Construa sequência lógica e frases curtas na ordem direta.
- Considere períodos breves de tempo para cada sentença e imprima ritmo cadenciado na oralização do conteúdo.
- Componha roteiro com musicalidade para ganhar a memorização do receptor.
- Faça planejamento fonético sobre o conteúdo roteirizado; escolha os sons adequados para cada momento.
- Aplique pausas estratégicas para viabilizar o processamento do conteúdo; trabalhe a pausa antes e depois de expressões-chave.
- Use o corpo como instrumento musical e module os sons da sua voz; controle entonação, tonalidade, ritmo, volume, velocidade, altura e amplitude.
- Sincronize a narração do conteúdo com imagens convergentes; potencialize a retenção do conteúdo associando som e imagem.
- Monitore a quantidade de informação para não sobrecarregar a memória do receptor.
- Transmita o conteúdo com afetividade para motivar o aprendizado.

O segundo caminho é olhar para dentro. Ou conversar com os de dentro. Algo que funciona com mais facilidade no modelo tradicional de empresas em que líder e liderados ocupam o mesmo espaço. Porém, temos de ter a consciência de que o *home office* será disseminado; em algumas empresas já é prática comum. Soma-se a isso o fato de sua equipe e seus parceiros não se concentrarem mais em um mesmo espaço corporativo. Estão em sedes diferentes, muitas vezes distantes. Em outro estado ou em outro país. Como estreitar relações, entender as pessoas e ter a percepção de seus sentimentos? Como liderar esse grupo? Só com troca de mensagens, e-mails e recados, a coisa não vai funcionar. Você vai perder o comando e sua equipe vai se dispersar.

Para que essas novas relações no ambiente de trabalho se tornem produtivas, é preciso explorar os recursos tecnológicos. Valem os produtos propostos para a comunicação com o público externo. Mas pode-se ir além: das salas de teleconferência à simplicidade do Skype ou do hangout do Google. Todas essas ferramentas devem ser pensadas e você vai ter de aprender a transformar a experiência do olho no olho, que exercitamos por tanto tempo, pela do olho na câmera. Em situações de implementação de novos sistemas e treinamento da equipe, há a possibilidade de desenvolver vídeos que possam ser acompanhados a distância. Esteja pronto para se transformar em uma espécie de Salman Khan, o professor indiano que conquistou o mundo com a produção de milhares de videoaulas, com cerca de 10 minutos cada uma, nas quais explica conteúdos variados de matemática, física, química e biologia. Sem esquecer, porém, que no ambiente de trabalho a experiência já mostrou que a criação de comunidades de aprendizagem, com interação do grupo, potencializa o conhecimento sobre os temas abordados.

Como se percebe, são inúmeras as opções que você tem à sua disposição devido ao maior acesso à tecnologia, muitas delas de baixo custo. O seu desafio é identificar qual funcionará melhor, conforme sua necessidade no momento. Carol Kinsey Goman, especialista em linguagem corporal, divide os recursos tecnológicos em duas categorias: pobres e ricos. E-mails, blogs e mensagens instantâneas são identificados como recursos pobres, pois oferecem, geralmente, apenas uma forma de comunicação: a escrita. Goman aponta como vantagens o fato de as pessoas sentirem-se confortáveis ao usá-las, alcançar grandes públicos prontamente e manter todos atualizados. Na lista de desvantagens está a perda da comunicação não verbal, podendo gerar mal-entendidos. O uso excessivo do e-mail tende a poluir a comunicação entre as partes.

O recurso tecnológico é rico quando adiciona voz, imagem ou ambas, como são os casos da videoconferência, da teleconferência e do podcast. Estudos mostram que o falante, comparado ao remetente de e-mails, é 40% melhor na comunicação de entusiasmo, ceticismo, empatia, ironia e humor, entre outros sentimentos. Evidentemente, toda ação tem de estar baseada em estratégia bem elaborada, pois um e-mail bem-feito pode ser mais eficaz que um encontro mal planejado.

FAÇA VOCÊ MESMO

Teleconferência sem erro, por Carol Goman:

- Module a voz, articule bem, fale claramente.
- Mantenha o foco: fixe olhos e atenção em determinado local.
- Fique de pé quando precisar transmitir autoconfiança; a voz passa mais energia e convicção.
- Sorria enquanto fala: transmite energia e entusiasmo na voz.
- Seja breve e peça *feedbacks* para saber se está sendo entendido.
- Siga um planejamento, envie uma pauta e cumpra-a; todos devem saber o propósito, o tempo de duração e como devem se preparar.

Videoconferência sem erro, por Carol Goman:

- Participantes tendem a dar mais atenção a sinais heurísticos (quão simpático é o interlocutor) do que a argumentos.
- Enfatize sinais não verbais de cordialidade e simpatia inclinando-se para frente e mostrando as palmas das mãos.
- Fale mais lentamente e pronuncie as palavras com clareza.
- Evite maneirismos e expressões faciais exageradas.
- Menos é mais: não se desloque, olhe para a câmera e mantenha os gestos próximos do corpo.
- Mantenha seu rosto visível o tempo todo: gera mais confiança e entendimento.

Esteja ciente de que será necessário um mínimo de duas semanas antes de as relações estabelecidas por meio de computadores se tornarem tão fortalecidas quanto as relações olho no olho. Esse é o resultado de um trabalho publicado pela Cisco Systems. Mais do que isso: encontros presenciais continuam sendo válidos e necessários. Uma pesquisa da Harvard Business Review aponta que a maioria dos líderes dá muita importância para a negociação cara a cara: 87% consideram o contato pessoal essencial para fechar o negócio, e 95% disseram que esses encontros são a chave para relações empresariais bem-sucedidas e duradouras. Use todo o potencial da tecnologia para liderar a distância e engajar seguidores à sua causa, mas jamais se distancie por completo de seus liderados. Você ainda é seu melhor recurso! E as pessoas seguem sendo nosso maior capital!

Reputação, quero uma para viver

O líder é do tamanho da sua reputação, e não de seu poder. Na história, conhecemos monarcas, presidentes e ditadores que estiveram no comando de nações, povos e exércitos, mas foram pequenos diante do papel que poderiam ter exercido. No Brasil, Fernando Collor foi o primeiro presidente da República eleito pelo voto popular após longo período sob o regime militar. Lá chegou como "Caçador de Marajás" e com o poder de reorganizar a economia e a vida dos brasileiros. Do Palácio foi tirado em processo de *impeachment* que expôs suas fragilidades e mazelas. Cassado, ficou afastado da vida política, voltou a um cargo público como senador da República, mais uma vez pelo voto, mas jamais recuperou sua imagem e reputação. Assim como ele, tantos outros líderes seguem perambulando no poder sem nunca ter conquistado ou reconquistado o respeito das pessoas.

Na sala da presidência de muitas empresas ou na mesa da chefia das equipes no escritório, não é diferente. Líderes sem reputação ocupam cargos, dão ordens e, às vezes, até alcançam resultados. Mas tê-los à frente dos negócios deixa a corporação vulnerável; pois consumidores, acionistas e parceiros estão menos tolerantes à política do "rouba, mas faz" ou do "engana, mas entrega". Às vezes, sequer é preciso ser do mal, basta ter feito mal!

Não se discutia a competência de Justine Sacco, executiva de comunicação da InterActive Corp (IAC) antes de ela embarcar em um avião rumo à África do Sul, em dezembro de 2013. Já sentada na poltrona na primeira classe do avião, fez o último e derradeiro contato com seus pouco mais de 200 seguidores no Twitter: "Indo para a África. Espero não contrair aids. Brincadeira. Sou branca!". O avião chegou a seu destino, mas a reputação dela despencou ainda no meio do caminho. Mesmo tendo apagado a mensagem assim que desembarcou no continente africano, seu texto já havia sido reproduzido no site BuzzFedd.com e a imagem de que era uma executiva racista havia se espalhado na rede, manchado seu currículo e determinado o fim de sua carreira na empresa.

A preocupação em se afastar de líderes com a imagem contaminada aumenta nas corporações à medida que pesquisas internacionais mostram que os consumidores, em especial, tendem a não distinguir as percepções sobre os CEOs e as empresas que comandam. A reputação de ambos se confunde para 66% dos consumidores ouvidos pela Weber Shandwick, agência especializada em relações públicas, em pesquisa publicada em 2012. Quase três em cada dez pessoas relataram que costumam falar com outras pessoas, com certa frequência, sobre os líderes das empresas. Cerca de seis em cada dez dizem ser influenciadas pelo que os principais líderes comunicam. Ou seja, eles não são mais anônimos.

Não pense que isso é coisa de outro mundo. A pesquisa da Weber Shandwick olhou para dois países emergentes, China e Brasil. Cá entre nós, encontrou uma tendência de crescimento no que diz respeito à confiança nos altos executivos e à relação íntima entre o que eles falam e a empresa é. Leve em consideração ainda que, internacionalmente, o público atribui 49% da reputação global de uma empresa à reputação do CEO. O que significam esses números? O consumidor mais bem informado e diante de um leque amplo de ofertas não compra apenas um produto, compra a marca, a empresa e o que os líderes dessas empresas são. Ou digitam. Portanto, pode ter certeza: o nome da empresa que você representa já é o seu sobrenome!

FIQUE BEM NA FOTO

Se você pretende ser grande no cargo que ocupa, independentemente da dimensão que tenha, invista na sua reputação! Esse valor, considerado intangível, é do tamanho da admiração, confiança e credibilidade que você adquire diante do público. Para ficar um pouco mais complicado: diante dos públicos. Pois, como uma empresa, você atua em diferentes grupos de relacionamento. É o pessoal com quem você trabalha diretamente na sua equipe, são os colegas com os quais você interage nos demais departamentos, os seus superiores... tem ainda o público externo, os parceiros de negócio, os acionistas, os jornalistas e, claro, os clientes. Coloque na lista a opinião pública em geral, gente que não compra o seu produto e, às vezes, jamais ouviu falar de você e da sua empresa, mas no momento em que é informado, em uma rede social ou pela imprensa, de um comentário descuidado que você fez, vai ajudar a transformar sua imagem em caricatura.

Percebe-se que imagem e reputação se misturam nesse turbilhão de informações que transmitimos às muitas pessoas com as quais nos relacionamos. Apesar de próximas e ligadas, são coisas diferentes. Para entender essas diferenças, é bom começar por explicar o conceito de identidade. Essa é fácil de descobrir. Basta responder: quem é você? Sim, quais são as características que definem sua personalidade? Quais os princípios e valores que você preza e prega? Que atributos você tem ou imagina ter? É importante ter clareza nesse tema, pois o reflexo da identidade é a imagem que você constrói na sua carreira e na sua vida pessoal.

Sua imagem pode mudar de acordo com cada um dos públicos com os quais você se relaciona. É possível que para os acionistas você seja um excelente líder, mas seus liderados questionam sua capacidade diante da forma como você os trata. Aliás, você deve avaliar também a sua marca corporativa que é quem você diz que é e quer ser. Há coerência nas respostas? A representação coletiva dessas várias visões, baseada em sua identidade, sua performance e seu comportamento é que forma a sua reputação.

 **FAÇA VOCÊ MESMO**

Responda com sinceridade e saiba qual é a sua, com base na definição de Argenti e Druckemiller.

- Identidade: Quem é você?
- Marca corporativa: Quem você diz que é e quer ser?
- Imagem: O que pensam sobre você e o que você diz sobre quem é?
- Reputação: O que todos os públicos pensam sobre quem você diz que é e o que você fez?

Como se vê, a imagem é mais fugaz, pois pode mudar de acordo com a circunstância. Um programa liderado por você que tenha atendido às expectativas dos clientes cria uma imagem positiva naquele momento; assim como um erro de processo gera desconforto aos seus parceiros na empresa. Mas, se ao longo da carreira você sempre atuou com presteza, personalidade, transparência nos atos, responsabilidade e acertos, sua reputação é amadurecida e o protege dos tropeços que porventura ocorram no decorrer da sua vida profissional. A imagem atua no curto prazo; a reputação, a longo prazo.

Você deve encarar a reputação como um ativo, como uma poupança, e não como uma comenda que fica guardada no cofre, ensina Mário Rosa, jornalista e consultor de imagem. Lá, no cofre, um dia alguém arromba e leva embora. Rosa recomenda que você tenha ciência de onde está depositando esse valor: no olhar e na percepção do público. O que torna a reputação mais complexa é a quantidade de "fotografias" que as pessoas têm à disposição atualmente.

A hiperexposição é um fenômeno deste século. Você acorda e liga o celular – quando não dorme com ele ligado. Seu sinal é captado pelas antenas da operadora, mensagens aparecem na sua tela e informações são transmitidas pela rede. Ao acessar o primeiro site, seu registro fica por lá. Ao abrir a porta de casa: sorria, você está sendo filmado! É câmera no muro do vizinho, no elevador e no estacionamento. O carro que você liga é rastreado pela seguradora. O caixa eletrônico registra quanto e onde você sacou dinheiro. O operador do cartão de crédito sabe quais compras você fez e, se fugiu do seu padrão, ele bloqueia e liga para confirmar se você é você mesmo. Conectado no aplicativo que o ajuda a fugir do engarrafamento, seu trajeto até o trabalho é vigiado. Entusiasmado com o bate-papo com os amigos, publica imagens do seu almoço. Na foto tem geolocalizador. Ao pedir um empréstimo, seu CPF é enviado para o analisador de crédito, que com apenas um número é capaz de traçar seu perfil de cliente: onde mora, se teve restituição do imposto de renda, em que banco foi depositado, qual o perfil do banco e em que bairro da cidade (rico, pobre, classe média)? São milhares de informações cruzadas que lhe rendem uma nota: crédito aprovado! Você tem ótima reputação no mercado. Ou não.

Nesse álbum de fotos ou imagens, montado independentemente do seu desejo e, para piorar, boa parte dele fora do seu controle, sua reputação é construída. Claro, há fatores com os quais se pode e se deve lidar, tais como os propósitos que o movem, valores e crenças que pautam seu comportamento, o conhecimento e a experiência que adquiriu com o tempo, entre tantos outros. Compreender, porém, que a privacidade "já era!" e não depende mais apenas do que se faz ou se pensa ajuda a saber melhor como se posicionar nesse cenário e lembrar que sua reputação não tem a ver apenas com sua atuação na empresa ou com o crachá pendurado no pescoço. Falamos sobre essa linha tênue entre o público e o privado no capítulo sobre situações de comunicação, lembra? Aqui o que interessa é entender que existem três variáveis das quais depende sua reputação, segundo Ana Luísa Almeida, do Reputation Institute Brasil: as ações e o comportamento, ou seja, aquilo que você faz; a comunicação e o marketing, ou seja, aquilo que você diz; e, finalmente, tudo aquilo que dizem de você. Puxando o traço, concluímos nós: reputação é a soma do que você faz, do que diz e do que dizem. Quanto mais parecidas forem essas imagens, mais sustentável é a sua reputação.

FAÇA VOCÊ MESMO

Construa e preserve sua reputação, segundo Jacqueline Whitmore:

- Seja honesto.
- Mantenha sua palavra.
- Admita seus erros.
- Seja pontual.
- Não use linguajar chulo.
- Controle-se nos conflitos.
- Não destrua pontes.

REPUTAÇÃO SE PERDE EM CASA

Você há de concordar: é duro depender dos outros para se manter firme e forte na carreira. Você faz o que pode para entregar os resultados, trabalha honestamente, acredita estar atendendo a todas as expectativas, mas, de repente, descobre que é alvo de queixas por parte de um cliente, um parceiro ou qualquer outro que se sinta impactado pelo seu trabalho. A vida é assim, cruel, muitas vezes! A imagem que as pessoas fazem da gente nem sempre é a mesma que enxergamos quando nos olhamos no espelho. A melhor maneira de torná-las parecidas é fazer com que as pessoas saibam com clareza e transparência quem somos e o que fazemos. Para tanto, como você já deve até imaginar, a comunicação é o melhor caminho.

Assim como ocorre com as empresas, você precisa montar uma estratégia de comunicação efetiva para gerenciar sua reputação. Comece por conhecer os públicos mais importantes com os quais você precisa interagir ou as pessoas e os grupos que têm maior interferência em sua carreira ou seu negócio. Ao identificá-los, será mais fácil decidir quais as informações de que eles precisam. Por exemplo: o usuário de um serviço que você oferece talvez queira saber mais sobre as vantagens que ele terá ao contratá-lo e entender melhor a relação custo-benefício. Funcionários que atuam na sua equipe podem privilegiar dados sobre os processos que serão realizados internamente para tornar o serviço mais eficiente. Os acionistas ou investidores ficariam bem felizes se você fosse capaz de explicar como esse serviço vai se manter em pé. Sua mulher e seus filhos provavelmente estejam mais interessados em saber se você, com esse novo negócio, vai chegar em casa para jantar e encontrar tempo para o passeio no fim de semana.

A forma de a informação ser transmitida aos diferentes públicos também é importante. Dependendo da situação, serão necessários comunicados mais frequentes, ou talvez reuniões semanais e conversas por e-mail possam ajudar. Considere maior exposição na mídia ou nas redes sociais, de forma controlada e planejada. Com a família, recomenda-se um pouco mais de intimidade. Enfim, cada público, uma mensagem! Cada público, um meio! O que não muda são seus valores e princípios, a sua identidade.

Traçar uma estratégia de comunicação permitirá que você se antecipe às demandas dos grupos com os quais se relaciona e demonstrará respeito a cada um deles, preocupação que impactará positivamente em sua imagem e ajudará a construir sua reputação. Assim, você estará valorizando seu ativo ao investir no olhar e na percepção do público. Rende mais que dinheiro em banco.

Em uma situação de crise, esse conhecimento prévio dos públicos com os quais você interage é fundamental. Dentro da hierarquia de providências a serem tomadas para gerenciar cenários críticos, o cuidado com as pessoas está em primeiro lugar. Seguido da proteção ao meio ambiente e dos ativos da empresa. A preocupação com a sua reputação é a última da fila; mesmo porque, se você teve todos os cuidados anteriores, seguramente ela estará protegida.

Como voltamos a falar de crise, esteja atento a dois fatos interessantes. Primeiro, boa parte delas surge dentro da própria empresa. Foi o que descobriu Robert Irvine quando realizou uma pesquisa com organizações americanas em 1996. Das crises empresariais, somente 15% tinham origem no ambiente externo. As demais podemos dizer que eram crias da casa: 85% foram causadas a partir de fatos no espaço interno da organização.

Segundo, toda crise é anunciada por meio de informações que são desprezadas, ensina Olga Curado. A jornalista, dedicada a trabalhar com executivos e políticos, define a crise como uma "desconexão momentânea de quem sou, da posse do meu talento, da expressão do meu propósito; é um momento de cegueira, de não enxergar o futuro com o qual eu conto, que já estava escrito". Curado diz que, antigamente, havia três possibilidades de reação: lutar, fugir ou congelar. Hoje, sabe-se que é necessário desenvolver outra estratégia: harmonizar, adaptar-se. E, assim, sair da crise com os menores danos à sua reputação.

Partindo do princípio de que sua reputação é nota 10, a empresa em que você trabalha ou que lidera já sai em vantagem na concorrida disputa pelo mercado. Lembra que quase metade da reputação da organização depende da reputação do CEO? Independentemente de você já ter chegado lá, o conjunto de imagens de líderes e funcionários dará sustentabilidade à corporação, também. Não há competência de chefe que suporte a incompetência no atendimento feito pelos técnicos da operadora de TV a cabo. Não há reputação de CEO que resista a gente mal preparada no balcão de vendas. Cada um deles é parte dessa história, pois é ponte entre a empresa e vários de seus públicos. Você faz parte dessa história!

Convencidas de que a reputação tem impacto significativo sobre o desempenho corporativo, é preciso que as empresas entendam como ela se constrói, como tratá-la no cotidiano da organização e como trabalhá-la diante das diversas expectativas dos *stakeholders* – e você é um deles. Você, o conselho consultivo, os acionistas, os clientes, os jornalistas... Com o acesso à informação democratizado, o conhecimento compartilhado e recursos similares à disposição de todos, é preciso valorizar as diferenças: a reputação construída com base em uma estratégia de comunicação eficiente é um diferencial.

FAÇA VOCÊ MESMO

Construa empresas com reputação:

- Seja muito bem organizado.
- Tenha líderes carismáticos.
- Invista na excelência do grupo gerencial.
- Desenvolva visão clara do futuro.

William Shakespeare dá a verdadeira dimensão da importância da reputação no diálogo de Cássio e Iago, na obra *Otelo*, escrita no início do século XVII. O general havia afastado o tenente Cássio da função por não ter cumprido seu papel, além de ter se embriagado e se envolvido em briga. Diante do sofrimento do oficial, Iago imaginou-o ferido em sangue até ouvir Cássio revelar seu verdadeiro lamento: "Reputação, reputação, reputação! Oh! perdi a reputação, perdi a parte imortal de mim próprio, só me tendo restado a bestial. Minha reputação, Iago; minha reputação!".

Imortalidade à parte, sua reputação associada à da sua empresa gera valores imensuráveis. Perdão! Imensurável é apenas força de expressão. Institutos de pesquisa e especialistas sabem bem como calcular o impacto que essa grande força é capaz de provocar: mais investidores, empregados motivados, atração de talentos, novos consumidores e dinheiro no caixa, para ficarmos com apenas alguns dos resultados que podem ser medidos.

Já falamos também que reputação é recurso intangível? Desculpe-nos se retornamos à expressão. É de propósito! Queremos evitar que você confunda as palavras. Reputação é intangível, mas não é inatingível. Ela está a todo momento sob ameaça. A velocidade com que as informações são transmitidas, a quantidade de agentes a influenciar e impactar os negócios e a complexidade das relações em mercados competitivos são exemplos de fatores que põem em risco as empresas e a sua carreira. Na medida em que nossa reputação está depositada no olhar e na percepção do público, quanto mais olhares e percepções houver, mais vulnerável ela estará. Sendo resultado de experiências, práticas, comportamentos e, claro, muita informação, qualquer um desses aspectos vivenciados de forma negativa causará dano. Décadas de construção podem vir abaixo em alguns instantes. A boa notícia é que, quanto maior for sua reputação, menor será o prejuízo. Quanto mais consistente for sua reputação, maior será a chance de você se recuperar.

Nos dê licença para fazer mais uma analogia com a saúde e a qualidade de vida: se você se alimentar bem, realizar atividade física com regularidade e estiver com os exames médicos em dia, o vírus contraído vai apenas causar um resfriado. Se for sedentário e relapso com a saúde, agora é tarde! Vem aí uma pneumonia! Para manter-se vacinado contra as crises de reputação, siga a recomendação de Paul Argenti e Janis Forman, doutores em comunicação corporativa: reavalie constantemente quem você é para garantir que seja exatamente o que quer ser!

Seja um líder do tamanho da sua reputação e do seu poder!

Estresse, medo
e oportunidades

A plateia está lotada. Entre a audiência, estão alguns diretores da empresa, há uma quantidade enorme de colegas de trabalho, além dos convidados especiais, a maioria clientes e fornecedores, gente que decide se compra ou vende, o que no fim das contas é quem pode ou não garantir as metas no fim do ano. É possível ainda identificar jornalistas da mídia especializada com gravadores nas mãos para não desperdiçar nenhuma informação que virá a seguir. Todos ansiosos, pois a expectativa que geraram é de que naquele palco será apresentado um projeto inovador, capaz de transformar o mercado e trazer oportunidades extraordinárias para o setor, proporcionando melhorias para uma gama enorme de pessoas. O teatro que escolheram para o anúncio é incrivelmente elegante e oferece estrutura privilegiada. O cenário é perfeito para o lançamento do produto, só falta destacar um pequeno detalhe: você é quem está escalado para fazer a apresentação. Sim, é você quem tem de subir ao palco, encarar cada um daqueles que lá estão e transmitir ao público a excelência do projeto no qual a empresa investiu milhões de reais.

Que baita responsabilidade, não!?

Com toda pompa, seu nome é chamado pelo locutor oficial da casa de espetáculo e você caminha em direção ao palco. Passo a passo, se aproxima do centro da cena. Cada passo mais pesado que o anterior. A impressão é de que você carrega nas costas toda a história da empresa mais a história de cada um dos funcionários. O que, aliás, é verdade – sem querer deixá-lo ainda mais preocupado. O futuro está nas suas mãos, que a essa altura estão molhadas de suor. A sensação na barriga é de que tem algo se retorcendo lá dentro. O coração não bate no peito, bate na boca. A visão fica embaçada, a garganta seca e o cérebro parece travar. Você foi tomado pelo estresse e está prestes a ter um ataque de pânico diante de centenas de pessoas.

MEDO É O NOSSO NEGÓCIO

Os desafios corporativos são geradores de estresse por natureza. Não precisa ser um evento em palco tão grande nem com plateia tão numerosa para se ter essa sensação. Todo dia você tem de enfrentar um cenário de comunicação na sua empresa. E alguns desses momentos podem ser tão definitivos quanto a apresentação que acabamos de descrever. Seja pelo resultado da conversa que você terá ou pela decisão que precisará tomar.

Talvez seja uma discussão só com o diretor do departamento ou com toda sua equipe de trabalho. Na sala de reuniões, no corredor ou muitas vezes por telefone, em qualquer lugar que você esteja. Para cada diálogo toma-se uma decisão: aceitar os argumentos do outro, permitir que a equipe siga em frente na ideia, definir os próximos passos do projeto, deixar-se seduzir pelo fornecedor, autorizar o funcionário a sair mais cedo porque tem de pegar o filho na escola… E, talvez, a mais difícil das decisões: assumir diante de todos que você não sabe o que decidir. Essa é realmente estressante, pois exigirá esforço extra de resignação e humildade da sua parte e poderá provocar desconfiança de alguém que não conheça sua reputação no trabalho (olha a reputação aí, gente!).

Imagine o risco!?

O pior é saber que o estresse não termina quando você bate o ponto·no fim de expediente. Fora de lá, a todo instante, você é obrigado a fazer escolhas que podem impactar mais ou menos na sua vida e na de outras pessoas.

A escola em que os filhos vão estudar é fundamental para o destino deles. A casa onde você vai morar o levará a outros dilemas: compro um carro ou vou de ônibus para o trabalho? Contrato segurança particular ou me contento com a cerca elétrica? E, quando o bebê nascer, amplio ou ponho à venda? E, amanhã, com que roupa eu vou?

Ah! A vida cotidiana é cheia de incertezas e cada escolha que fazemos é uma responsabilidade que assumimos, com seus proporcionais efeitos. Para fugir disso, só desistindo da vida. O que, aliás, é outra decisão a ser tomada. A resposta para essas situações nem sempre está relacionada à complexidade delas. Quantas vezes achamos uma tremenda bobagem a dúvida que o amigo teve ao receber um convite para ganhar mais e trabalhar em uma empresa melhor? Claro que tem de ir! – dizemos com confiança.

O problema não são as escolhas que temos de fazer, mas as circunstâncias em que acontecem, a experiência de quem as enfrenta e o comportamento que se tem diante de desafios. Alguns sentem medo, outros sentem prazer. Pode-se, inclusive, sentir os dois. Afinal, medo e prazer nunca foram excludentes. O que não se pode é ser dominado pelo medo, ser tomado pelo pânico ou fobia, pois essas sensações vão causar prejuízos ao seu desenvolvimento na carreira, sem contar que atingem a saúde física e mental. Menos ainda: não se pode deixar de fazer algo importante só por causa do medo!

Fiquemos, por enquanto, apenas no campo profissional. Em uma negociação, temos a necessidade de persuadir nosso parceiro, e ser motivado pelo desespero está entre os dez obstáculos comuns que limitam o sucesso, de acordo com Kurt Mortensen, uma das maiores autoridades em autopersuasão, motivação e influência. O diagnóstico dele é que, geralmente, a causa desse desespero é o medo, que leva a pessoa a decisões ruins, escolhas indesejadas e arrependimentos. Mesmo que você consiga o resultado esperado, talvez sua postura, devido ao medo, tenha sido agressiva demais e seu interlocutor tenha se sentido pressionado e saído de lá disposto a não fazer novos negócios. Mortensen sugere que, se você se encontrar nesse estado, pergunte a si mesmo de que tem medo: qual é a pior coisa que pode acontecer? Será que é tão ruim assim? E se o pior já tiver acontecido?

Na lista de Mortensen aparece, também, o medo da rejeição, que pode inibir você de se aproximar das pessoas, levá-lo a desistir da negociação e prejudicar seu futuro. Ele chama a atenção para o fato de que a maioria de nós terá um encontro com esse tipo de medo, em algum momento, e todos sentem rejeição em doses homeopáticas diariamente. Uma das formas de superar esse obstáculo à persuasão é lembrar que, apesar de as pessoas concluírem que seu produto ou serviço não é a melhor opção, isso não significa que estão rejeitando você como pessoa.

Assim como se teme a rejeição, teme-se o fracasso com efeitos semelhantes, pois esse medo impede que se levem processos adiante, bloqueia a ambição individual e, se estendido à equipe, elimina uma fonte de inovação. Apesar de o objetivo comum ser evitar ao máximo o fracasso, recomenda-se que se dê liberdade para que as pessoas experimentem coisas novas, arrisquem e se disponham a errar: grandes ideias surgirão!

O medo de ser preterido é um dos três para os quais nascemos predispostos, apenas aguardando para que nossos educadores se prontifiquem a potencializá-los. Os outros dois são o medo da perda do *status quo* e de controle. Você com certeza não gosta de perder o controle sobre as diferentes situações que encara no escritório, pois isso pode ser determinante para o fracasso de seu projeto, o que o fará se sentir derrotado, humilhado, obrigando-o, talvez, até a mudar de emprego. Sabe-se lá se não haverá necessidade de aceitar remuneração e benefícios menores em outro lugar.

Um medo é gatilho do outro e todos juntos se transformam em uma arma poderosa prestes a ser disparada contra você... e por você. Suicídio profissional? Talvez. E cometido porque em nenhum instante você tentou racionalizar cada situação, conscientizar-se dos aspectos que as envolviam e dos motivos que o levavam ao desespero. Comece por eliminar o medo de sentir medo. Entenda-os como parte do negócio, pois eles têm serventia: o medo é a matéria-prima da atenção. Ele nos prepara para a sobrevivência. Já falamos para você sobre isso no capítulo sobre situações de comunicação, lembra? Se temo ser humilhado, devo me esforçar e encontrar nesse medo motivos para dar conta do recado. Superar a minha expectativa e a dos outros. Usar o medo a meu favor!

A propósito, uma boa maneira de encarar o medo do fracasso: ele pode ser um sinal positivo. Segundo Dale Carnegie, "se não houver [medo] é porque as metas foram pequenas, ou seja, não houve ambição".

FAÇA VOCÊ MESMO

Use as técnicas de resistência mental propostas por Luiz Fernando Garcia:

- Crie metas mensuráveis de curto prazo: o cérebro terá mais estímulos, quanto mais estímulos, mais sinapses. O hábito nada mais é do que criar esses caminhos cerebrais.
- Construa cenários: observe com os olhos fechados as situações que podem ser enfrentadas; pense como reagir a cada uma delas; quando elas ocorrerem, você estará mais seguro porque o cérebro já sabe do que se trata.
- Promova diálogos internos: o cérebro produz até 1.000 palavras negativas por segundo, inconscientemente, diante de desafios; ele quer mantê-lo vivo diante do perigo; reaja dizendo frases positivas.
- Respire: dominar a respiração nos ajuda a conter nossos impulsos. Se respiramos devagar de propósito, conseguimos inibir os efeitos do pânico e, se expiramos longamente, imitamos a técnica de relaxamento do corpo e o cérebro recebe mais oxigênio, ajudando-o a funcionar melhor e a concentrar-se na situação que deve ser enfrentada.

VIVA, ESTOU ESTRESSADO!

Tantos medos, tantos compromissos, tantas responsabilidades têm transformado o ambiente de trabalho no maior fabricante de estresse do mundo. Conheça um executivo e nós lhe apresentamos um estressado. Nunca têm tempo para nada, cada vez assumem mais tarefas, correm mais riscos e precisam estar funcionando 24 horas sem parar. Dormem? Com certeza vão para a cama; mas, se pudessem, esticariam o dia por mais algumas horas. Põem a cabeça no travesseiro, mas o cérebro não para, segue ativo e consumindo a energia do seu corpo. E não é pouca coisa: o cérebro, apesar de ter apenas 2% do peso corporal, consome 20% da nossa energia. Não se dá o direito a ele de descansar; e, se o fazemos, é à força, à base de remédio!

Curiosamente, nesse ritmo obsessivo nem sequer se percebe que o cérebro funciona melhor quando dormimos. A privação do sono prejudica a atenção, a função executiva, a memória imediata, a memória de trabalho, o humor, as habilidades quantitativas, o raciocínio lógico e a agilidade motora, relata John Medina. Portanto, atrapalha nossas decisões. E a sequência de decisões erradas causa mais problemas, estresse e medo.

A obsessão pelo trabalho é alardeada com um misto de orgulho e desespero. Busca-se no emprego o sentido para a vida, quando se sabe que a vida não consiste apenas em emprego. Não se pergunta mais qual é o seu nome ou quem você é, mas o que você faz? Ai de você se disser que não faz nada: só cuido dos filhos, da família e da minha vida! Tem quem ache pouca coisa.

Existem os que dizem sonhar em parar de trabalhar, mas na primeira semana de férias começam a sofrer de abstinência: ainda bem que tem o e-mail e o WhatsApp para conversar com o pessoal do escritório. Vai que eles precisam de mim? Ouvimos com frequência profissionais se reportando à prática americana, em que férias curtas são praxe e tentar estendê-las colocará sua vaga em jogo. Quem disse que esse tem de ser o nosso modelo? Nunca nos lembramos dos países nórdicos, onde as regras do mercado de trabalho são muito mais humanas. Tudo bem, há fatores culturais que nos forjam, mas podemos tentar mudar esse quadro. Talvez prestar mais atenção nos sinais emitidos pelo corpo: desde o fim dos anos 1930, revistas especializadas na área de saúde apontam que o estresse é uma espécie de alarme, que, se este tocar com muita frequência e fora do nosso controle, terá repercussão na qualidade de vida e na saúde. E na sua produtividade também, só para não perder a mania de falar de trabalho.

Então, vamos combater o estresse e preservar nossa saúde! Mentira! No dia em que você acabar com o estresse por completo estará abrindo mão de uma vida ativa e saudável. Você perderá poder de reação, terá queda de criatividade, baixa libido e pouca energia. Vamos conhecer melhor essa história, pois ficará mais fácil de convencermos você a rever esse conceito mal interpretado. Para começar, vamos entender que o estresse é uma alteração fisiológica que se processa no organismo quando este se encontra em uma situação que requeira dele uma reação mais forte que aquela que corresponde à sua atividade orgânica normal. A definição é de Esdras Vasconcellos, doutor em Psicologia, que defende a ideia de que o estresse é fundamental para a conquista do sucesso e de que, se somos suficientemente fortes para resistir a um dia na nossa vida, isso só é possível porque nos estressamos.

A ciência fez seu esforço para nos ajudar a compreender as diferenças que existem entre o estresse que dá vida e o que mata. Aquilo que podemos chamar de bom estresse foi batizado de "eustresse", sendo que o prefixo grego *eu* assume o significado de perfeição, bondade e excelência que você encontra, também, em *euforia* e *eucaristia*. Já o mau estresse leva o nome de "distresse", carrega consigo o peso do prefixo *dis*, que também está em *disenteria* e *dissidência* e significa dificuldade ou privação. Portanto, o que temos de almejar é o eustresse, ou estresse bom, que nos ajuda a realizar, nos dá prazer de viver e do qual precisamos para ser felizes. Vamos combater o distresse, ou o estresse ruim, que nos corrói diariamente, prejudica nossos órgãos, compromete nossa performance e nossos relacionamentos.

As pessoas que sabem administrar o estresse são aquelas que o mercado de trabalho chama de resilientes, explica Vasconcellos. Característica de profissionais que sabem lidar com situações difíceis, pois dão sentido às adversidades. Superam pressões e não fogem à luta, porque a fuga leva à depressão, ao pânico e a uma série de síndromes. Os resilientes sabem reagir positivamente, sem adotar postura ingênua, pois têm profundo senso de realidade. São capazes de olhar o problema e, em lugar de se assustar, atuar: como posso modificar isso?

Ao comparar mentes de pessoas poderosas e de quem não tem poder, Amy Cuddy identificou diferenças fisiológicas importantes e reveladoras em dois hormônios-chave: na testosterona, que é o hormônio da dominância, e no cortisol, que é um dos hormônios do estresse. O que se descobriu foi que os machos alfa têm alto nível de testosterona e baixo nível de cortisol, e os líderes poderosos também. O que significa que, além da capacidade de dominar ou liderar o seu grupo, seu poder também tem a ver com a reação ao estresse. O legal é que a partir da sua tese de que pequenos ajustes podem conduzir a grandes mudanças, ela está convencida de que, ao assumirmos uma postura corporal de poder, somos capazes de empoderar a nossa mente. Foi o que a experiência dela encontrou: com apenas dois minutos assumindo uma postura de poder, as pessoas registraram aumento de 20% na testosterona e redução de 25% no cortisol!

Em uma pesquisa realizada com repórteres de televisão antes, durante e depois da transmissão ao vivo de notícias, na programação jornalística, tarefa considerada estressante para a maioria de nós – e para eles também –, buscou-se entender as influências desse agente estressor nos níveis de frequência cardíaca, de cortisol e na fala. O coração de todos eles bateu bem mais rápido nos segundos que antecederam a entrada no ar, houve aumento expressivo no nível de cortisol... Mas o desempenho de fala variou de acordo com a forma como cada um encarou aquele momento de estresse, identificaram os pesquisadores Maria Aparecida Coelho e Esdras Vasconcellos.

Os que pensaram no perigo que corriam ao falar ao vivo na televisão e julgaram aquela situação como de ameaça tiveram maior dificuldade para superar a tarefa e demonstraram claramente o seu nervosismo. Os que se entusiasmaram pelo desafio que se avizinhava e pela possibilidade de vencê-lo, os que tiveram a consciência de que estavam efetivamente preparados, atuaram com desempenho superior.

Aqui vale ressaltar um conceito importante: o nosso corpo enxerga situações de ameaça como momentos de passividade, quando simplesmente esperamos "apanhar", sofrer algum mal. A ameaça nos paralisa, nos congela, enfraquece as nossas atitudes. Já o desafio é encarado como algo ativo, nos estimula à ação, nos motiva a fazer a nossa parte. É assim que o nosso cérebro interpreta e, consequentemente, nos faz agir. Portanto, faça a escolha certa e usufrua das boas consequências!

ESTRESSE NA DOSE CERTA

Tenha certeza: o maior risco que corremos na vida é o de fazermos algo importante sem estresse, isso sim seria um desastre. Quando desempenhamos qualquer tarefa relevante sem estarmos devidamente estressados, perdemos as grandes vantagens relacionadas a ele: pensamento mais ágil, memória mais aguçada, maior capacidade de estabelecermos conexões e relações. Agir sem nenhum estresse ou sem a quantidade de estresse que a tarefa exige nos faz perder o controle da situação, o que pode comprometer demais o nosso resultado. Lembra que perder o controle é um dos medos para os quais estamos predispostos? Por que privilegiá-lo?

Como tudo na vida, o estresse também tem um lado ruim. É a ocorrência do que chamamos de sinais psicobiológicos: as pernas ficam bambas, surge certa taquicardia, sudorese intensa, sensação de frio na barriga, respiração interrompida... Agentes estressores, como o desafio de negociar um contrato ou a fala em público, atingem diretamente o nosso sistema límbico, parte do sistema nervoso que não obedece ao nosso comando. Portanto, para que perder tempo lutando contra esses efeitos? Aceite que essas são reações naturais e siga adiante! Até porque, depois da descarga inicial do sistema límbico, o nosso córtex cerebral é acionado e, então, a coisa pode mudar de figura.

O córtex é o último degrau evolutivo do nosso cérebro. É ali que acontece a fase de interpretação, chamada pelos americanos de *coping*, e esta, sim, pode depender da nossa intervenção. Se, ao se sentir tenso, você traduz a situação como de ameaça, a tendência é que os sintomas negativos se acentuem, porque o córtex entende que você realmente está correndo grande perigo. A voz vai tremer, sua postura ficará caída, você vai parecer confuso e, pior, todos vão perceber! Se você interpretar a situação como um desafio e a sua reação de estresse como normal, considerando que você está bem preparado, a tendência será de supressão gradativa dos sintomas, já que o córtex cerebral atua sobre o sistema límbico interrompendo o processo.

Veja como esse exemplo vai ajudá-lo a entender ainda melhor essas reações. Imagine que você está em seu escritório, alguém abre a porta abruptamente e grita o seu nome. Imediatamente, o sistema límbico atua e faz você reagir ao susto – o coração bate forte, a respiração fica entrecortada, uma baita sudorese molha a sua camisa e seu corpo se volta em direção à porta, de onde veio o barulho. É o cérebro ajudando você a se defender, a sobreviver! Assim que você se vira, o córtex entra em ação para avaliar a situação por meio da fase de interpretação. Diante da imagem que surge, você pode ter duas reações: reconhecer a pessoa e, ao perceber que era uma brincadeira, soltar imediatamente o ar e relaxar; ou ver que é um desconhecido querendo lhe atacar, o que vai acentuar a intensidade dos sinais psicobiológicos, para você se defender.

As cenas descritas anteriormente deixam muito claro que o estresse, assim como o medo, é uma reação totalmente natural do ser humano, não se deve nem se consegue evitar, podendo ocorrer sem causar nenhum dano. Aliás, impede que vários danos aconteçam, desde que você esteja muito bem preparado e conheça as diferentes situações com as quais irá se deparar. No exemplo anterior, reconhecer a pessoa que estava só brincando equivale a tomarmos consciência de que o estresse de uma exposição é natural e que, por estarmos bem preparados, vamos nos sair bem! Claro que o nosso cérebro não é bobo; portanto, não adianta enganá-lo. Se temos uma apresentação a fazer, temos que efetivamente aproveitar todas as oportunidades para estarmos com nossas mensagens na ponta da língua, nosso material audiovisual tinindo, com tudo o que pode estar sob nosso controle já feito. A nossa reação ao ver o desconhecido nos ameaçando é o que ocorre quando na hora H percebemos que não estamos prontos... Portanto, todo o nosso foco deve estar concentrado na consciência de como o estresse ocorre, na aceitação de que é um fenômeno natural e desejável e na motivação para fazermos a nossa "lição de casa" do melhor modo que pudermos.

A identificação das suas habilidades e sua força real, tanto quanto mapear a personalidade das pessoas com as quais vai dialogar, fará você tirar proveito de todo seu potencial e encarar com naturalidade os agentes causadores de medo e estresse. Somente com autocompreensão e autoconhecimento, tendo consciência daquilo que você faz bem, é possível superar esses obstáculos.

Administrar o estresse, reconhecer seus aspectos positivos e negativos e enxergar os cenários em que você terá de atuar vai, entre outros benefícios, lhe dar poder de negociação. Esse conhecimento impedirá que a reação natural do cérebro e do corpo, diante de situações de desafio, tire você do controle e dificulte a compreensão que deve ter do que pensa seu interlocutor.

Em uma negociação, ao combinar estresse e entusiasmo, você corre o risco de falar mais do que o necessário e atropelar o diálogo. Sem ouvir o outro, você desperdiça a oportunidade de usar argumentos precisos. Portanto, ouça com atenção, permita que a outra pessoa conclua seu pensamento, demonstre que está pensando sobre o que ela disse e apresente a sua resposta de maneira cadenciada. Com essa estratégia, você estará se aproveitando do bom estresse, isolando o mau estresse e revelando segurança, responsabilidade, respeito e confiança.

De todos os sinais psicobiológicos que se alteram, a modificação da respiração é o de maior impacto na fala, evidenciando sua voz trêmula e a articulação "meia boca" dos sons, além da falta de fôlego e da pegada de ar ruidosa. Sabemos, na verdade, que, quando surge o nervosismo, você para de expirar, ou seja, de soltar o ar, que, é o momento mais ativo da respiração. O ar em seus pulmões, consequentemente, está rico em gás carbônico (lembra das aulas de Ciências?), e a sua sensação nesse instante é de falta de ar. Preste atenção: nesse momento, sua reação natural será de inspirar, mas não há espaço lá dentro! Portanto, solte o ar com vigor, contraindo o diafragma, e inspire, expandindo e recebendo todo o oxigênio de que precisa. Ao inundar seu cérebro de oxigênio, seus pensamentos fluirão melhor, seu corpo vai relaxar e a voz vai para o lugar certo, sem tremor, com mais força e projeção.

Não são só os fisiologistas que defendem isso; a neurociência estuda há anos esses efeitos da respiração no cérebro, e recomenda enfaticamente exercícios desse tipo para aquietar a mente, tirando dela o melhor proveito. John Medina nos ensina que acionamos a área nobre do nosso cérebro, o córtex, quando resgatamos informações usando enumeração. A grande vantagem é que, ao agirmos assim, assumimos o controle mais racional da situação, e o estresse, emocional fica menos evidente. Portanto, nos momentos de tensão que antecedem sua apresentação, respire e enumere as mensagens que pretende transmitir! Seu cérebro agradece. E seu desempenho melhora muito.

Outra dica importante: sabemos que o nosso corpo vai escancarar para o mundo a nossa tensão, curvando a nossa postura, fazendo com que olhemos para baixo, com que nossos gestos fiquem travados e nossa expressão facial, preocupada... Mas, lembre-se do que já escrevemos aqui: essa é uma via de mão dupla! Ou seja, se procurarmos voluntariamente assumir uma imagem de campeões, com a postura altiva, os ombros relaxados, os gestos naturais e a expressão facial de confiança, logo estaremos nos sentindo assim! A isso soma-se a nossa percepção do *feedback* positivo de nossa plateia, que vai nos ajudar a criar um belo círculo virtuoso: prestamos atenção para que nosso corpo voluntariamente demonstre confiança e tranquilidade, causamos essa impressão em nossa plateia, que, por sua vez, se mostra atenta e interessada no que estamos dizendo e reforça a nossa impressão positiva sobre nós mesmos e sobre nosso desempenho. Como diz Cuddy, trata-se de "fingir" que estamos bem não para convencer os outros, mas para nos convencer. E, acredite, funciona mesmo... Já tivemos inúmeras oportunidades de observar isso.

E O QUE ACONTECEU COM VOCÊ?

Não pense que nos esquecemos de você lá no palco! Jamais pensamos em deixar você sozinho nessa. Sabemos tudo o que você está passando. A preocupação, a ansiedade, o nervosismo, o medo de errar... É estresse puro! Mas não se preocupe, a essa altura você está pronto para o show!

FAÇA VOCÊ MESMO

- Tenha consciência da importância da situação que você vivenciará e a enxergue como um desafio.
- Compreenda e aceite como normal o medo que está sentido. Afinal, pesquisas de opinião mostram que falar em público é o maior ou um dos maiores medos das pessoas. Algumas o colocam acima do medo de morrer, até porque a morte não tem como evitar. Apresentar-se em público, sim.
- Saiba que o estresse está presente para ajudar você.
- Lembre-se de que você se preparou como nunca para esse momento.
- Controle a respiração: solte o ar, contraindo o diafragma, inspire profundamente e repita duas, três vezes esse movimento.
- Cuide do corpo: alongue-se, rode os ombros para trás, movimente a cabeça para os lados e para a frente. Espreguice-se!
- Cuide do rosto: relaxe os músculos da face, abra e feche os olhos e a boca.
- Articule as palavras com a boca bem aberta, com movimentos amplos e precisos.
- Beba água antes e pequenos goles durante sua apresentação; a adrenalina resseca a garganta!
- Faça o mesmo que estamos fazendo agora: resgate as mensagens principais e enumere-as. Isso mesmo! Mensagem 1, mensagem 2, mensagem 3... Com isso, o cérebro racional assume o comando das ações.
- Suba no palco com postura e crença de vencedor: essa imagem vai atingir os outros e você mesmo!
- Saiba que você é a pessoa mais bem preparada para estar nesse palco.
- Agora, é só se preparar para os aplausos...

Parabéns! Você é um líder comunicador!

Vinte e poucas perguntas que não podem faltar

Todos os capítulos que você leu até agora foram escritos a quatro mãos, em trabalho que buscou um padrão único de comunicação para que o texto fluísse naturalmente e se sentisse participando de uma conversa conosco. Como você chegou até aqui, acreditamos que nosso objetivo foi alcançado, caso contrário já estaria buscando informação em outra freguesia. Apesar de cada um de nós ter características próprias de escrita e fala, a tarefa de encontrar um ponto em comum se tornou bem mais simples porque ambos temos a mesma crença: a comunicação é competência que pode ser aprendida e capaz de torná-lo um líder na sua empresa, na sua equipe e na sua carreira.

Agora, queremos pedir licença a você: cada um de nós vai exercer o seu papel de origem. O Mílton é jornalista e gosta de fazer perguntas. A Leny é fonoaudióloga e sempre é provocada a tirar dúvidas. Durante uma hora de entrevista, nós falamos sobre algumas das inquietações que surgem no nosso dia a dia, seja na redação, no consultório ou durante as palestras e os cursos que realizamos e a que assistimos.

O resultado dessa entrevista você lê a seguir:

1. Leny, se comunicação é uma competência, como dissemos no livro, e garante o emprego de muita gente, por que se trabalha tão pouco essa habilidade dentro das empresas?

   É incrível, Mílton... A boa comunicação abre muitas portas, é critério de desempate quando pessoas bem preparadas chegam às últimas etapas para grandes cargos, é muito exigida em todos os níveis dentro das empresas... Mas a maioria das pessoas ainda não sabe que essa competência pode ser desenvolvida, treinada, aperfeiçoada! Mas, olha, quando descobrem isso... A procura por atendimento tem crescido muito, várias empresas buscam esse trabalho e se comunicam umas com as outras, gerando cada vez mais interesse. Ainda bem!

2. Qual é a melhor forma para desenvolver esse conhecimento, então?

   Começa pela consciência de quais são os sinais que estamos emitindo. Os positivos devem ser conhecidos para serem mais desenvolvidos e utilizados; os eventuais negativos devem ser corrigidos! É muito importante procurar *feedbacks* de pessoas do nosso convívio, familiares, amigos, aquele colega de trabalho em quem confiamos ou admiramos... E, se estiver difícil, de profissionais da comunicação.

3. A oratória é prática antiga. Aristóteles e Cícero já estudavam o assunto. O que mudou no decorrer da história?

   Pois é, a história começa lá atrás, na Sicília, no século V a.C. Mais tarde, Aristóteles (384-322 a.C.) escreve os três livros que compõem a *Retórica* e define os conceitos de *ethos, pathos* e *logos*. O *ethos* se refere às características do orador, como a sua credibilidade, honestidade e autoridade em relação ao tema discutido. O *pathos* é o apelo ao lado emocional do público, o foco na busca pelas emoções. Já o *logos* diz respeito ao conteúdo do discurso, ao uso da lógica, dos argumentos. O ideal é combinar esses três componentes em qualquer processo de persuasão, e isso não mudou! O que muda é o contexto histórico, cultural e social e a necessidade de conhecermos bem esse contexto para fazermos as melhores escolhas.

4. Tem muita gente que acha que treinamento de mídia é para ensinar as pessoas a enganar jornalista. A ideia é essa mesma?

   De jeito nenhum! A mídia traz uma oportunidade fantástica para a empresa se fazer conhecer, mostrar seu lado em relação a várias questões, se defender quando for o caso, esclarecer e construir ou reforçar uma boa reputação. Como em toda situação de comunicação, há o risco de gerar mal-entendidos, agravado por duas condições: a presença de um intermediário, o jornalista, e a grande e rápida disseminação das informações, para o bem e para o mal... É claro que é uma oportunidade que exige preparação intensiva. E o bom jornalista vai adorar o porta-voz bem preparado. E jamais se deve ensinar as pessoas a mentir. No livro mesmo vimos que isso fica na cara.

5. Entrevistei muitos políticos para os quais você pergunta uma coisa e eles falam de outra. Essa estratégia ainda é válida. Eles conseguem enganar as pessoas?

Não mais como antes. As pessoas têm cada vez mais acesso a informação, são exigentes e sabem perceber tentativas de enganação de longe... O sujeito vai ser muito malvisto agindo assim, não convence mais! O que se orienta hoje é que a pessoa esteja bem preparada, preveja e identifique eventuais pontos delicados em relação aos seus temas e crie argumentos para debatê-los, com transparência e clareza. Vale também responder rapidamente e de modo bem objetivo a uma questão difícil e criar ponte para abordar o lado positivo do tema.

6. Falar bastante ajuda a melhorar nossa maneira de nos comunicar?

O treino sempre ajuda! Mas é mais eficiente quando você pode se ver falando, seja simulando na frente do espelho, seja filmando a situação de comunicação; aí é importante se olhar e se ouvir sem melindres, buscando pontos de melhoria e ouvindo pessoas em quem você confie.

7. As pessoas sempre me perguntam se tem algum exercício para deixar a voz melhor. No livro não demos nenhum exercício específico. O que é possível fazer?

No livro, optamos realmente por não sugerir exercícios vocais, em primeiro lugar, porque é muito melhor ter a sua série personalizada... E também porque muitos exigem um acompanhamento profissional, para saber se estamos fazendo do jeito certo. Mas há alguns exercícios mais universais que sempre ajudam: fazer movimentos exagerados de articulação das vogais, opondo, por exemplo, /a/ e /o/, /u/ e /i/; emitir suavemente sons vibrantes, como zzz...., vvv..., jjj..., trr..., e sons nasais, como m..., an.., en..., in..., on..., un... Como dizia o grande mestre dr. Pedro Bloch, "a voz é grata a qualquer trato!".

8. Acontece de ficarmos com a voz rouca por uma série de motivos. Chupar bala de hortelã ou pastilhas de menta ajuda a amenizar o problema? Ou tem coisa melhor a fazer?

Mílton, qualquer alteração de voz é um sintoma e deve ser pesquisado. É claro que, se você vai para a balada, força a voz sem perceber, canta, grita, fala num ambiente ruidoso, dorme pouco, provavelmente vai acordar com a voz rouca. Nesse caso, a dica é descansar e hidratar bastante. Se você ficou resfriado, o edema ou inchaço pode atingir o nariz, prejudicando a ressonância dos sons, e/ou as cordas vocais. Aí, além da intensa hidratação, de preferência quente, vale fazer os exercícios universais, que eu lembrei na pergunta anterior, de modo bem suave, só para favorecer a circulação. Se a disfonia é habitual ou sem causa evidente, procure um médico otorrinolaringologista para um bom diagnóstico. Se o problema estiver relacionado ao uso errado da voz, procure o fonoaudiólogo.

9. Uma das coisas mais chatas que existem nas empresas são as reuniões de trabalho; parecem uma epidemia, acontecem a toda hora. A comunicação pode ajudar a melhorar esses encontros?

Pode sim! Estudos sobre o funcionamento do cérebro e achados da neurociência nos dão dicas preciosas para melhorarmos as reuniões: defina previamente a pauta e o tempo de duração, inicie trazendo de modo sintético as mensagens mais relevantes, modifique o estilo da apresentação a cada dez minutos, ofereça estímulos multissensoriais – mas, principalmente, visuais –, estimule a participação de todos, deixe claro o que você pretende, certifique-se de que foi bem entendido... E demonstre claramente o seu desejo de que a equipe realmente se envolva nos projetos!

10. Outra coisa chata é gente que fala alto. Fazem isso porque ouvem mal?

É uma possibilidade, mas diria que pouco frequente. O mais comum é que seja um hábito, modelo familiar ou uma baita necessidade de invadir o limite do outro... Costuma produzir reações bem negativas e deve ser evitado!

11. Se ter voz grave ajuda a liderar, o que fazer com o líder que tem voz aguda?

Em primeiro lugar, procurar descartar qualquer justificativa orgânica para o problema, como alterações hormonais. Na maioria das vezes, o que ocorre é tensão muscular excessiva na região da cabeça e pescoço, o que mantém a laringe posturada mais alta, agudizando a voz. Pode perceber, quando estamos nervosos, tensos, a voz sai bem fina e desafinada! Movimentos de alongamento do pescoço costumam ajudar.

12. Por que alguns jovens têm voz de velho e alguns velhos têm voz de jovem?

A voz é uma das projeções mais fortes da nossa personalidade, ela conta a nossa história de vida e nos escancara para o mundo. Além disso, é dinâmica e muda continuamente de acordo com o que vivemos. Sofre ainda a influência da dimensão física e sociocultural. Cada um tem a voz que o representa!

13. Como um garoto pode mudar sua maneira de falar para não parecer tão infantil?

Quando existe esse risco, por causa de uma aparência mais jovem, por exemplo, é importante destacar aspectos da credibilidade: falar de modo bem articulado, pausar firmemente, usar vogais mais curtas e manter a postura ereta, confortável. O conjunto pode impactar muito positivamente!

14. Entrevisto muitas pessoas logo cedo, e fica claro que estão com voz de sono. Tem como mudar isso?

Tem sim! Ao dormir, o metabolismo do nosso corpo fica cada vez mais lento, e é comum a formação de edemas, inchaço nas cordas vocais. O "alô" quando um telefonema nos acorda é indisfarçável! Se você tem uma atividade de fala importante logo cedo, precisa aquecer a voz! Há exercícios específicos para isso; são mais complexos, mas vale praticar aqueles mais universais, já citados. Sempre melhora! Outra coisa importante: capriche na articulação, que geralmente fica mais preguiçosa nessa hora, mas pode ser controlada voluntariamente.

15. Algumas pessoas têm sotaque mais forte do que outras. O sotaque atrapalha a comunicação? Tem como eliminar o sotaque? Aliás, essa deve ser uma preocupação do comunicador?

Depende da situação. O sotaque é parte da nossa construção, evidencia a nossa origem. Se a minha atividade profissional é mais informal, pode não interferir negativamente. Mas sempre é interessante suavizar os excessos, o que é facilmente trabalhado, com resultados rápidos; senão a atenção das pessoas fica mais focada na forma do que no conteúdo do que dizemos! Estrangeiros que chegam para trabalhar aqui devem cuidar para que o modo de falar não distancie o interlocutor. Aliás, só por tentar falar o português, o estrangeiro já ganha a nossa simpatia e boa vontade em entender! Geralmente, são as características não verbais que devem ser adaptadas para favorecer a integração.

16. Falamos muito em líder comunicador, mas está cheio de pessoas que trabalham em outras funções, por exemplo, os professores. Eles devem se atentar também às questões da comunicação?

Sempre! A comunicação é a competência que constrói percepção em todos ao nosso redor, e é por meio dela que mostramos quem somos, como pensamos, o que sabemos... Toda pessoa, profissional ou não, deve cuidar e aprimorar sua comunicação e desenvolver sua liderança.

17. **Nós demos o exemplo do rei George vi, que era gago. Conheço histórias de cantores e narradores esportivos gagos. Como é possível disfarçar a gagueira?**

A gagueira se caracteriza pela presença de momentos de disfluência, como bloqueios, repetições, hesitações, numa frequência maior do que nos considerados não gagos. Há todo um quadro de tensão muscular excessiva nesses casos, envolvendo a região da face, pescoço, ombros, diafragma... Normalmente, quando um adulto vem procurar orientação, ele já desenvolveu recursos que ajudam a "disfarçar" o problema. Mas se trata de algo com grande impacto na percepção dos interlocutores, e a fonoaudiologia tem recursos comprovados para lidar com o problema. É melhor tratar do que disfarçar!

18. **Já conheci muitos entrevistados que têm dificuldade para pronunciar a letra R e outros que, mesmo com muita cultura, dizem "poblema" em vez de "problema". Como resolver isso?**

As dificuldades relacionadas à articulação dos sons, à dicção, podem estar associadas a problemas auditivos, a problemas de controle muscular ou físicos, como "língua presa". Podem estar associados também ao meio sociocultural. De qualquer forma, pega muito mal! É fundamental identificar a causa e investir no tratamento, que costuma ser rápido e com ótimos resultados.

19. **Já ouvi locutor de notícia dizer que ficou com a voz grave por causa do cigarro e não para de fumar porque tem medo de que a voz mude. Isso é desculpa de fumante? O cigarro deixa mesmo nossa voz mais grave e bonita?**

Pare, Mílton! O cigarro só faz mal... No curto prazo, promove a paralisia dos cílios das células do aparelho respiratório, ocasionando o famoso "pigarro do fumante", grande fator irritativo para as cordas vocais. No médio prazo, provoca o inchaço das cordas vocais, o que agrava realmente a voz. Mas não é bonito, não; trata-se de uma alteração que costuma evoluir negativamente. No longo prazo, o cigarro é um dos fatores responsáveis pelo câncer de laringe, principalmente quando associado ao álcool. Portanto, os riscos para a saúde geral e especialmente da voz são importantes e conhecidos, justificando a orientação já conhecida por todos: não fume! Largue esse cigarro agora. E tenha a voz saudável.

20. Há pessoas que dizem ser muito tímidas, por isso não gostam de aparecer. O que elas podem fazer para resolver esse problema?

    Timidez é característica de personalidade, algo que se passa dentro da pessoa... Mesmo tímida, qualquer pessoa pode desenvolver atitudes mais positivas em relação ao seu modo de agir, ao seu comportamento. O outro vê e reage ao comportamento, não ao que se passa na cabeça do tímido! Trata-se de aceitar o modo de ser e buscar desenvolver atitudes coerentes com sua necessidade pessoal ou profissional. Por exemplo, um jornalista pode ser tímido; mas, ao entrar para falar ao vivo, pode demonstrar segurança e firmeza em suas atitudes, sem dificuldades!

21. Leny, a coisa que mais me incomoda nas entrevistas é entrevistado que fala pelos cotovelos e não diz nada. No cotidiano do consultório, atendendo líderes empresariais, políticos e trabalhadores comuns, o que mais incomoda você?

    Mílton, o que mais me incomoda é ver alguém querer mostrar o que não é, fazer tipo, ser artificial. Adoro ajudar pessoas especiais a se mostrarem para o mundo da forma compatível com o que são! A verdadeira comunicação tem que ser autêntica.

22. Qual a maior preocupação que líderes empresariais e políticos que você atende demonstram ter? E qual a solução que você oferece?

    As pessoas buscam muito chamar a atenção de seus interlocutores e gerar interesse sobre aquilo que dizem. Querem também demonstrar credibilidade e ser claras! A fala mais convincente é aquela produzida com naturalidade. Como você sempre diz, ninguém confia em quem não parece natural! A fala natural caracteriza-se por variar de acordo com o conteúdo, por surpreender o interlocutor. Para tanto, é necessário um corpo livre de tensões excessivas e um aparelho fonador flexível.

23. Leny, quando eu sei que chegou a hora de parar de falar?

    Quando o outro demonstra desinteresse, enfado, incômodo em ouvir. O melhor antídoto para isso é falar com convicção, é "comprar" previamente a mensagem que pretende "vender". Nada resiste à paixão com que o outro se coloca. A comunicação é contagiante!

Faça Você Mesmo – #LíderComunicador

Trouxemos até aqui conceitos, dados, pesquisas e informações sobre esse tema fascinante e imenso que é a comunicação humana. Uma quantidade enorme de histórias que nos ajudam a entender melhor cada um dos aspectos abordados no decorrer de todo o livro. Afinal, contar histórias é importante, como já vimos. Sabemos que muito do que foi conversado aqui terá de ser vivenciado, testado e experimentado no seu dia a dia. Assim, perceberá a melhor maneira de aplicar esse conhecimento e o altíssimo potencial que você tem para desenvolver ainda mais as relações humanas em todos os âmbitos de sua vida, em todos os episódios nos quais terá de assumir o papel de líder.

Para "passar a limpo" os conceitos mais relevantes, reunimos neste último capítulo as principais mensagens contidas no livro usando aquela fórmula que consideramos vencedora quando o assunto é comunicação: simples, direta e objetiva. Cada mensagem não tem mais de 140 caracteres, porque nossa ideia é que você se apodere desse conhecimento e compartilhe com seus amigos nas redes sociais. Publique no Twitter, no Instagram, no Facebook, no Google+, no WhatsApp, no LinkedIn, em toda rede de que você participa, com a hashtag #LíderComunicador.

Leia com atenção, consulte-as sempre que necessário, reflita sobre cada tema e se torne um líder comunicador ainda melhor. Uma mudança que nós acreditamos que você é capaz de fazer:

- Comunicação é competência, cada vez mais importante para sua vida pessoal e profissional.
- Comunicação é um processo complicado: há grande possibilidade de mal-entendidos, porque as pessoas são muito diferentes.
- Cada um compreende e fala de acordo com suas referências, portanto, para se comunicar, entenda o outro.
- Comunicação não é o que digo, é o que você entende.
- Comunicação é um processo dinâmico: constrói percepção rapidamente, o outro entende intuitivamente e reage imediatamente.
- Somos responsáveis pelo resultado da nossa comunicação.
- Ao nos comunicarmos emitimos sinais, alguns positivos que constituem a nossa marca pessoal, o nosso estilo próprio.
- Ao nos comunicarmos, emitimos sinais, alguns negativos, que provocam ruídos e devem ser corrigidos.
- Comunicação é comportamento aprendido, portanto, passível de mudanças, sempre.
- Foque na mudança de comportamento aprendida.
- A expressividade é o resultado de três recursos: verbal, não verbal e vocal, que devem estar sempre coerentes entre si.
- Pequenos ajustes provocam grandes mudanças: assuma a postura corporal de um líder comunicador.
- Leve em conta sempre PARA QUEM falamos e adapte o seu discurso.
- Considere o ponto de vista do outro, suas necessidades e a aplicação prática dos seus conceitos para a vida dele.
- Aprenda a ouvir de modo assertivo: dê atenção total, olhe nos olhos, escute com a mente aberta, demonstre interesse genuíno.
- Promova encantamento: seja gentil, interessado, use termos afetivos, sorria.
- Aproximar para conduzir é um conceito que permite direcionar o interesse para o que você necessita.

- Entenda e faça parte do mundo do outro para depois trazê-lo para o seu, sem resistência, com motivação.
- Razão x emoção, cérebro x coração: convencer é argumentar e persuadir; as duas partes são importantes e merecem nosso cuidado.
- Contar histórias é uma maneira brilhante de atingir o outro, sem resistência e com alto poder de retenção na memória.
- Reputação é a soma do que você faz, do que diz e do que dizem.
- Aprendizagem acontece por motivação, interesse e repetição; busque sempre incentivar os primeiros e reforce o último.
- Seja o líder da sua vida.
- Lidere as pessoas com amor.
- Comunique-se de maneira simples, direta e objetiva!
- Comunique-se bem para efetivamente liderar, inspirar, envolver, motivar... Comunicação contagia!

Bibliografia

ABREU, A. S. *A arte de argumentar*: gerenciando razão e emoção. São Paulo: Ateliê, 2012.

ALMEIDA, A. L. C. *A influência da identidade projetada na reputação da organização*. Belo Horizonte, 2005. Tese (Doutorado) – Centro de Pós-Graduação e Pesquisas em Administração, UFMG.

_____. *Programa Mundo Corporativo*, Rádio CBN São Paulo, set. 2013 (entrevista). Disponível em: <https://www.youtube.com/watch?v=yWI8f1IRVDs>. Acesso em: jan. 2015.

ANDERSON, Chris. How to give a killer presentation. *Harvard Business Review*, jun. 2013. Disponível em: <https://hbr.org/2013/06/how-to-give-a-killer-presentation/ar/1>. Acesso em: jan. 2015.

ARGENTI, P. A.; DRUCKENMILLER, B. Reputation and the corporate brand. *Corporate Reputation Review*, 2004.

BLOCH, P. *Você quer falar melhor?* Rio de Janeiro: Revinter, 2002.

BANDLER, R.; GRINDER, J. *A estrutura da magia*: um livro sobre linguagem e terapia. Rio de Janeiro: LTC, 2013.

BARBEIRO, H. *Midia training*: como usar a imprensa a seu favor. São Paulo: Saraiva, 2008.

BARNETTE, Vivian. University Counseling Service, September 2005. Disponível em: <https://www.uwrf.edu/StudentHealthAndCounseling/TopicAssertiveness.cfm>. Acesso em: out. 2014.

BECHARA, Evanildo. Senhor norma culta. *Revista Piauí*, n. 57, jun. 2011.

BELLINO, Ricardo. *3 Minutos para o sucesso*: aprenda como vender sua ideia com o verdadeiro aprendiz. Rio de Janeiro: Elsevier, 2005.

BENARD, Stephen; CORRELL, Shelley J. Normative discrimination and the motherhood penalty. *Gender and Society*, 2010.

BESCOLL, Victoria L. *Who takes the floor and why*: gender, power, and volubility in organizations. Administrative Science Quarterly, 2012. Disponível em: <http://asq.sagepub.com/content/early/2012/02/28/0001839212439994.full.pdf+html>. Acesso em: dez. 2014.

BRADFORD, David L. *Complexities in the feedback process*. Stanford Graduate School of Business, 2005. Disponível em: <http://influencewithoutauthority.com/files/complexities__in_the_feedback_process__bradford.pdf>. Acesso em: dez. 2014.

BUDIG, Michelle J. The fatherhood bonus and the motherhood penalty – parenthood and the gender gap in pay. *Third Way*, 2015. Disponível em: <http://content.thirdway.org/publications/853/NEXT_-_Fatherhood_Motherhood.pdf>. Acesso em: dez. 2014.

CASTELLS, Manuel. *A sociedade em rede* – a era da informação: economia, sociedade e cultura. São Paulo: Paz e Terra, 1999, v. 1.

CIALDINI, Robert B. *Crafting normative messages to protect the environment.* Department of Psychology, Arizona State university, Tempe, Arizona, 2003. Disponível em: <http://content.thirdway.org/publications/853/NEXT_-_Fatherhood_Motherhood.pdf>. Acesso em: dez. 2014.

COELHO, M. A. *Sinais psicofisiológicos e vocais de ativação por stress no telejornalismo ao vivo* . São Paulo, 2012. Tese (Doutorado) – Universidade de São Paulo.

CORRELL, Shelley J. "Minimizing the motherhood penalty: What works, what doesn't and why?". *Gender and Work: Challenging Conventional Wisdom*, Harvard Business School, 2013. Disponível em: <http://www.hbs.edu/faculty/conferences/2013-w50-research-symposium/Documents/correll.pdf>. Acesso em: dez. 2014.

CARNEGIE, Dale. *Training*: as cinco habilidades essenciais do relacionamento – como se expressar, ouvir os outros e resolver conflitos. São Paulo: Companhia Editora Nacional, 2011.

COUGHTER, Peter. *The Art of the pitch*: persuasion and presentation skills that win business. London: St Martin's Press Palgrave MacMillan, 2012.

CUDDY, Amy. *Your body language shapes who you are.* TedGlobal 2012. Disponível em:<http://www.ted.com/talks/amy_cuddy_your_body_language_shapes_who_you_are>. Acesso em: nov. 2014.

CURADO, O. *Viver sem crise.* São Paulo: LeYa, 2013.

CURY NETO, Jorge. *Voice Design*: o poder da palavra falada aplicada. Curitiba, abril 2013.

DRUCKER, Peter Ferdinand. *O gestor eficaz.* Rio de Janeiro: LTC, 2011.

DUHHIG, C. *O poder do hábito*: por que fazemos o que fazemos na vida e nos negócios. Rio de Janeiro: Objetiva, 2012.

FREITAS-MAGALHÃES, A. *O Código de Ekamn*: o cérebro, a face e a emoção. Porto: Edições Universidade Fernando Pessoa, 2011.

FORNI, João José. *Gestão de crises e comunicação*: o que gestores e profissionais de comunicação precisam saber para enfrentar crises corporativas. São Paulo: Atlas, 2013.

GALINSKY, Adam D. Enclothed cognition. *Journal of Experimental Social Psychology*, 2012. Disponível em: <http://www.utstat.utoronto.ca/reid/sta2201s/2012/labcoatarticle.pdf>. Acesso em: set. 2014.

GALLO, Carmine. *Faça como Steve Jobs.* São Paulo: Lua de Papel, 2010.

_____. *TED*: falar, convencer, emocionar. São Paulo: Saraiva, 2014.

GALVÃO, J.; ADAS, E. *Super apresentações*: como vender ideias e conquistar audiências. São Paulo: Panda Books, 2011.

GARCIA, Luiz Fernando. *O cérebro de alta performance*: como orientar seu cérebro para resultados e aproveitar todo o seu potencial de realização. São Paulo: Gente, 2013.

GIKOVATE, F. *Por que a comunicação é tão difícil.* Disponível em: <http://flaviogikovate.com.br/video-por-que-a-comunicacao-e-tao-dificil/>. Acesso em: dez. 2014.

GIARDELLI, Gil. *Você é o que você compartilha* – e-agora: como aproveitar as oportunidades de vida e trabalho na sociedade em rede. São Paulo: Gente, 2012.

GLADWELL, Malcon. *Blink*: a decisão num piscar de olhos. Rio de Janeiro: Rocco, 2010.

GOMAN, C. K. *A linguagem corporal dos líderes.* Rio de Janeiro: Vozes, 2014.

GRANT, Anett. *The 3-step process to answering even the toughest question*, out. 2014. Disponível em: <https://www.linkedin.com/pulse/20141015142656-13212364-the-3-step-process-to-answering-even-the-toughest-questions?trk=mp-reader-card>. Acesso em: fev. 2015.

HALL, Sally. 9 Body language tricks to improve your negotiation skills. *Fast Company*, jul. 2014. Disponível em: < http://www.fastcompany.com/3032560/work-smart/9-body-language-tricks-to-improve-your-negotiation-skills>. Acesso em: maio 2015.

HAVENER, T. *O mentalista*: sei o que você está pensando. Rio de Janeiro: LeYa, 2014.

HUNTER, James. C. *Como se tornar um líder servidor*: os princípios de liderança de "O monge e o executivo". Rio de Janeiro: Sextante, 2006.

HAJO, Adam; GALINSKY, Adam D. Enclothed cognition. *Journal of Experimental Social Psychology*, 2012. Disponível em: <http://www.sciencedirect.com/science/article/pii/S0022103112000200>. Acesso em: out. 2014.

HEATH, Kathryn. 4 strategies for women navigating office politics. *Harvard Business Review*, 2015. Disponível em: <https://hbr.org/2015/01/4-strategies-for-women-navigating-office-politics>. Acesso em: fev. 2015.

IRVINE, Robert. *No meio do furacão* (entrevista). Comunicação Empresarial, ABERJE, ano 6, n. 19, 1996, pp. 28-30.

JUNG, Milton. *Jornalismo de rádio*. São Paulo: Contexto, 2013.

KAWASAKI, Guy. *Encantamento*: a arte de modificar corações, mentes e ações. Rio de Janeiro: Alta Books, 2012.

KLOFSTAD, C.; ANDERSON, R.; PETERS, S. Sounds like a winner: voice pitch influences perception of leadership capacity in both men and women. *Proc Biol Sci*. Disponível em: <http://rspb.royalsocietypublishing.org/content/early/2012/03/06/rspb.2012.0311>. Acesso em: ago. 2014.

KOCH, Ingedore G. Villaça. Interferências da oralidade na aquisição da escrita. *Trab.Ling. Apl*. Campinas, n. 30, jul./dez. 1997, pp. 31-8.

KYRILLOS, L. R. (org.). *Expressividade*. Rio de Janeiro: Revinter, 2004.

LEWIN, K.; LIPPIT, R.; WHITE, R. K. Patterns of aggressive behavior in experimentally created social climates. *Journal of Social Psychology*, 1939.

MAYEW, W. J.; PARSONS, C. A.; VENKATACHALAM, M. Voice pitch and the labor Market success of male chief executive officers. *Evolution and human behavior*, 2013. Disponível em: <http://www.ehbonline.org/article/S1090-5138(13)00023-8/abstract>. Acesso em: nov. 2014.

MCALEER, P.; TODOROV, A.; BELIN, P. How do you say "hello"? Personality impressions from brief novel voices. *US National Library of Medicine National Institutes of Health*, 2014. Disponível em: <http://www.ncbi.nlm.nih.gov/pubmed>. Acesso em: jan. 2015.

MEDEIROS, João Bosco. *Redação empresarial*. 3. ed. São Paulo: Atlas, 1998.

MEDINA, J. *Aumente o poder do seu cérebro*: 12 regras para uma vida saudável, ativa e produtiva. Rio de Janeiro: Sextante, 2010.

MORTENSEN, K .W. *QI de persuasão*: dez habilidades que você precisa ter para conseguir exatamente aquilo que você quer. São Paulo: DVS, 2012.

MUSSAK, Eugenio. *Com gente é diferente*: inspirações para quem precisa fazer gestão de pessoas. São Paulo: Integrare, 2014.

NEVES, Orlando. *Dicionário da origem das palavras*. Alfragide: Oficina do Livro (LeYa), 2001.

OLIVEIRA, Graziele. Fala grossa, bolso cheio. *Revista Época*, jul. 2013.

OLIVEIRA, Sidnei. *Jovens para sempre*: como entender os conflitos de gerações. São Paulo: Integrare, 2012.

POLITO, R. *Como falar corretamente e sem inibições*. 50. ed. São Paulo: Saraiva, 1998.

CLAVE. *Pesquisa Primeira Gestão*. LABSSJ, eTalent. Disponível em: <http://issuu.com/labssj/docs/report-final3/1?e=0 2013>. Acesso em: fev. 2015.

QUEIROZ, C. *As competências das pessoas*: potencializando seus talentos. São Paulo: DVS, 2008.

RABBIN, Robert. *Liderança invisível*: o trabalho feito com a alma. São Paulo: Cultrix, 1998.

RELATIONSHIP ACADEMY – material didático produzido pela Sociedade Brasileira de Coaching, 2014.

REYNOLDS, Garr. *Apresentação Zen*: ideias simples de como criar e executar apresentações vencedoras. Rio de Janeiro: Alta Books, 2010.

ROSA, Mario. *A reputação na velocidade do pensamento*. São Paulo: Geração, 2006.

SANDBERG, Sheryk. *Faça acontecer*: mulheres, trabalho e a vontade de liderar. São Paulo: Companhia das Letras, 2013.

SCHULTE, Brigid. *Overwhelmed*: work, love and play when no one has the time. New York: Sarah Crichton Books, 2014.

SCHLOCHAUER, Conrado. Entrevista ao programa Mundo Corporativo, da rádio CBN, fev. 2015. Disponível em: <http://miltonjung.com.br/2015/02/21/mundo-corporativo-conrado-schlochauer-da-affero-lab-fala-da-importancia-da-educacao-corporativa/>. Acesso em: fev. 2015.

THE ECONOMIST. *Democracy in America: What's holding women back?*, jan. 2015. Disponível em: <http://www.economist.com/blogs/democracyinamerica/2015/01/women-and-work>. Acesso em: jan. 2015.

SHANDWICK, Weber; STUART, Spencer. *The rising.* CCO V: How chief communications officers' Perspectives on a Changing Media Environment, 2014. Disponível em: <http://www.webershandwick.com/news/article/the-rising-cco-v-chief-communications-officers-perspectives-changing-media>. Acesso em: jan. 2015.

SHELLENBARGER, Sue. This Embarrasses You and I. *The Wall Street Journal*, June 2012. <http://www.wsj.com/articles/SB10001424052702303410404577466662919275448>. Acesso em: jan. 2015.

SHINYASHIKI, Eduardo. Entusiasmo para alcançar metas. *Perfil News*, jan 2015. Disponível em: <http://www.perfilnews.com.br/noticias/brasil-mundo/entusiasmo-para-alcancar-metas>. Acesso em: fev. 2015.

SHINYASHIKI, Roberto. *Os segredos das apresentações poderosas.* São Paulo: Gente, 2012.

SINEK, Simon. *How great leaders inspire action film.* TEDxPugetSound. Washington, 2009. Disponível em: <http://www.TED.com/talks/simon_sinek_how_great_leaders_inspire_action?language=pt-br>. Acesso em: nov. 2014.

SJODIN, Terri L. *Rápido, forte, persuasivo*: como vencer qualquer ouvinte em poucos segundos. São Paulo: Saraiva, 2013.

STONE, Biz. *Um passarinho me contou/Biz Stone.* Rio de Janeiro: Best Seller, 2014.

STRUNCK, Gilberto. *Compras por impulso!* Trade marketing, merchandising e o poder da comunicação e do design no varejo. Rio de Janeiro: ZAB, 2011.

VARGAS, Ricardo. Quanto vale uma boa história? *Revista Executive Digest*, n. 24, abr. 2008.

VASCONCELLOS, E. G. Psiconeuroendocrinoimunologia. In: TEDESCO, J. J. A.; CURY, A. F. (coords.). *Ginecologia Psicossomática.* São Paulo: Atheneu, 2007.

_____. *Se o injusto não florescer como a palmeira, o coping falhou.* São Paulo: Ideias & Letras, 2015.

VIANA, Francisco. *De cara com a mídia*: comunicação corporativa, relacionamento e cidadania. São Paulo: Negócios Editora, 2001.

VIEIRA, Vera Lúcia. *As empresas nas mídias sociais*: estudo de caso de 10 empresas com os maiores números de seguidores (Fanpages) no Facebook. São Paulo: All Print, 2004.

WHITMORE, Jacqueline. *Poised for Success*: mastering the four qualities that distinguish outstanding professionals. New York: St. Martin's Press, 2011.

WOOD Jr., Thomaz; PICARELLI FILHO, Vicente. *Remuneração e carreira por habilidades e por competências, preparando a organização para a era das empresas de conhecimento intensivo.* São Paulo: Atlas, 1997.

WORKFORCE 2020: *The looming talent crisis.* Oxford Economics, 2014. Disponível em: <http://www.oxfordeconomics.com/recent-releases/workforce-2020-the-looming-talent-crisis.>. Acesso em: jan. 2015.

Os autores

Leny Kyrillos é fonoaudióloga, mestre e doutora em Ciências dos Distúrbios da Comunicação pela Universidade Federal de São Paulo, especialista em voz pelo Conselho Federal de Fonoaudiologia e Personal & Professional Coach pela Sociedade Brasileira de Coaching. Faz consultoria e assessoria de comunicação para diversas empresas, instituições e políticos. Cuida da forma de comunicação de profissionais de rádio e TV. É comentarista do quadro *Comunicação e Liderança* da rádio CBN. Organizou vários livros e é autora de publicações científicas, nacionais e internacionais, além de fazer palestras no Brasil e no exterior.

Mílton Jung é jornalista e âncora dos programas *Jornal da CBN*, *Mundo Corporativo* e CBN *Young Professional*, na Rádio CBN. Apresenta o quadro *Conte Sua História de São Paulo*. Recebeu o prêmio Comunique-se de Melhor Âncora de Rádio do Brasil, em 2009 e 2014, e o prêmio Especial do Júri da APCA, em 2014. É autor de vários livros, entre eles *Jornalismo de rádio* (Contexto), e organizador do Blog do Mílton Jung. Já atuou nas rádios Guaíba e Gaúcha, no jornal *Correio do Povo*, na revista *Época SP* e foi repórter e âncora nas TVs Globo, Cultura, SBT e Rede TV! Faz palestras sobre comunicação a convite de empresas e instituições brasileiras.

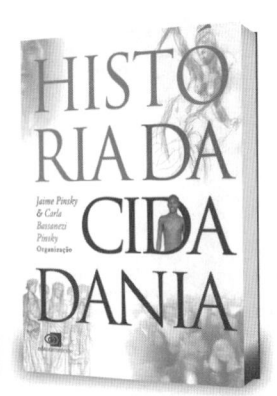

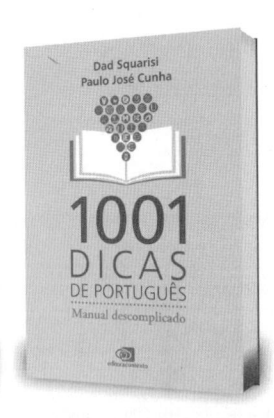